SEKOLAH KETAATAN

SEKOLAH KETAATAN

Jikalau kamu mengasihi Aku, kamu akan menuruti segala perintah-Ku.
Yohanes 14:15

OLEH ANDREW MURRAY

We love hearing from our readers. Please contact us
at www.anekopress.com/questions-comments with
any questions, comments, or suggestions.

Sekolah Ketaatan – **Andrew Murray**
Translated, Revised Edition Copyright © 2019
All rights reserved. No part of this book may be reproduced,
stored in a retrieval system, or transmitted in any form or by any
means – electronic, mechanical, photocopying, recording, or
otherwise, without written permission from the publisher.
Semua kutipan Alkitab di dalam buku ini diambil dari Alkitab Terjemahan
Baru (TB) - 1974 © LAI 1974 dan Alkitab Modified Indonesian Literal
Translation (MILT) - 2008 © Yayasan Lentera Bangsa 2006, 2008.

Aneko Press
www.anekopress.com
Aneko Press, Life Sentence Publishing, and our logos are trademarks of
Life Sentence Publishing, Inc.
203 E. Birch Street
P.O. Box 652
Abbotsford, WI 54405

RELIGION / Christian Living / Spiritual Growth
Paperback ISBN: 978-1-62245-657-4
eBook ISBN: 978-1-62245-658-1
10 9 8 7 6 5 4 3 2 1
Available where books are sold

Daftar Isi

Pendahuluan vii

Bab 1: Apa Kata Alkitab tentang Ketaatan? 1

Bab 2: Ketaatan Kristus 15

Bab 3: Memperoleh Hasrat untuk Taat 29

Bab 4: Persiapan untuk Taat 43

Bab 5: Berniat untuk Taat 55

Bab 6: Ketaatan dan Iman 69

Bab 7: Siap untuk Taat 81

Bab 8: Ketaatan pada Amanat Agung 95

Catatan mengenai Doa Pagi 107

Pertanyaan Manusia; Jawaban Tuhan 113

Andrew Murray – Sebuah Biografi Singkat 117

Buku ini dipersembahkan dengan penuh doa kepada segenap anggota Student's Christian Association *di Afrika Selatan dan kepada semua pelajar Kristen di seluruh dunia.*

Pendahuluan

Buku ini diterbitkan dengan doa yang menyala-nyala supaya Tuhan berkenan menggunakannya untuk mengajari dan menguatkan anak-anak muda yang ketaaatan dan kesetiaannya sangat memengaruhi nasib Gereja dan dunia ini. Kepada semua pembaca, saya menyampaikan salam kasih saya. Semoga Bapa kita yang penuh karunia memberkati Anda berlimpah-limpah.

Kita seringkali baru benar-benar paham arti penting suatu kebenaran yang sedang kita pelajari hanya setelah mengikuti sebuah konferensi atau setelah menulis buku tentangnya. Saya merasa seolah-olah saya telah gagal sepenuhnya dalam memahami dan menjelaskan mengenai kehidupan yang penuh dengan ketaatan sejati dan total kepada Bapa Surgawi–mengenai keberkahannya, dimensi spiritualnya, kebutuhannya yang tidak dapat disangkal dan kemungkinannya yang dapat dicapai dengan kekuatan Ilahi. Oleh karena itu, izinkanlah saya meringkas poin-poin utama mengenai ketaatan yang telah menyentuh hati saya dengan suatu kuasa khusus dan izinkanlah saya meminta Anda sekalian untuk mencatatnya sebagai pelajaran utama yang akan kita pelajari di sekolah ketaatan Kristus.

Bapa kita yang ada di surga meminta, mewajibkan, dan

mengharapkan semua anak-anak-Nya untuk menaati Dia dengan segenap hati sepanjang hari; setiap hari lepas hari.

Supaya anak-anak-Nya mampu untuk taat, Bapa telah menyediakan karunia yang sangat berlimpah dalam janji-janji Perjanjian Baru, dalam Putra-Nya, dan dalam Roh Kudus-Nya. Karunia ini hanya bisa dinikmati dan janji-janji ini hanya bisa terpenuhi di dalam diri orang yang tetap tinggal dalam persekutuan yang intim dengan Allah Tritunggal, sehingga kehadiran dan Kuasa-Nya akan bekerja di dalam jiwa orang itu sepanjang hari.

Pintu masuk menuju kehidupan ini menuntut sebuah ikrar ketaatan yang mutlak–penyerahan diri yang total–untuk tidak menjadi apa pun; untuk tidak memikirkan apa pun; untuk tidak mengatakan apa pun; dan untuk tidak melakukan apa pun selain yang sesuai dengan kehendak Tuhan dan yang menyenangkan hati-Nya.

Jika hal-hal yang telah disebutkan di atas memang benar, tidak cukup bagi kita untuk sekadar menyetujuinya. Kita memerlukan Roh Kudus untuk memberikan iluminasi yang sedemikian rupa akan kemuliaan dan kuasa Ilahi yang terkandung di dalam kebenaran itu. Tidak hanya itu, kita juga perlu menerima iluminasi bahwa kebenaran itu menuntut kita untuk segera memberikan ketaatan tanpa syarat supaya kita langsung menerima semua yang Tuhan ingin kerjakan di dalam kita. Mari kita berdoa supaya Tuhan, oleh Roh Kudus, menunjukkan kehendak-Nya yang penuh kasih dan penuh kuasa atas kita, sehingga akan menjadi mustahil bagi kita untuk tidak menaati kebenaran surgawi.

Andrew Murray
Wellington, 9 Agustus 1898

Bab 1

Apa Kata Alkitab tentang Ketaatan?

Untuk memahami sebuah istilah Alkitab atau kebenaran tentang kehidupan Kristiani, akan sangat menguntungkan jika kita lebih dahulu menyelidiki perihal penempatannya di dalam Kitab Suci. Jika sudah memahami di mana saja penempatannya, seberapa sering penggunaannya, serta dengan apa saja ia dikaitkan, maka kita akan memahami pentingnya istilah itu dalam suatu konteks maupun dalam keseluruhan firman Tuhan. Pada bab pertama ini, saya akan mencoba menyiapkan jalan untuk memahami ketaatan tersebut dengan menunjukkan bagian firman Tuhan yang harus Anda pelajari untuk memahami pikiran Tuhan mengenai ketaatan.

Dalam Keseluruhan Firman Tuhan

Kita akan mulai dengan Firdaus, atau Taman Eden. Di dalam Kejadian 2:16 kita membaca, *Lalu TUHAN Allah memberi perintah ini kepada manusia.* Kemudian, di Kejadian 3:1, *Apakah engkau makan dari buah pohon, yang Kularang engkau makan itu?* Perhatikan bagaimana ketaatan pada perintah Tuhan merupakan satu-satunya standar moral di Taman Firdaus, satu-satunya syarat supaya manusia bisa terus tinggal di sana dan satu-satunya yang diminta Penciptanya kepada manusia. Tidak ada pembahasan apa pun mengenai iman, kerendahan hati, atau kasih; karena semua itu sudah tercakup di dalam ketaatan. Tuntutan dan otoritas Tuhan sangatlah besar, demikian juga besarnya tuntutan akan ketaatan sebagai satu-satunya hal yang akan menentukan nasib Anda.

Ketaatan adalah satu-satunya hal yang diperlukan di dalam kehidupan manusia. Ketaatan itu lebih penting daripada kurban sembelihan (1 Samuel 15:22).

Setelah melihat ketaatan pada bagian awal Alkitab, sekarang mari kita beranjak ke bagian akhirnya. Dalam pasal yang terakhir, yaitu di Wahyu 22:14, Anda membaca: *Berbahagialah mereka yang melakukan perintah-perintah-Nya, sehingga otoritas mereka akan ada atas pohon kehidupan.* Pemikiran yang sama juga dapat kita temukan di pasal 12 dan 14. Pada pasal tersebut, kita membaca tentang benih wanita yang menaati hukum-hukum Allah dan memiliki kesaksian Yesus (Wahyu 12:17), dan tentang kesabaran orang-orang kudus: *Yang menuruti perintah Allah dan iman kepada Yesus* (Wahyu 14:12).

Sejak awal hingga akhir, sejak Firdaus hilang hingga dimenangkan kembali, aturannya tidak berubah. Hanya ketaatan sajalah yang bisa memberi kita jalan masuk menuju pohon kehidupan dan perkenanan Allah. Bagaimana ketidaktaatan yang telah menutup jalan menuju pohon kehidupan di awal sejarah umat manusia bisa diubah menjadi ketaatan yang akhirnya memberikan akses menuju pohon kehidupan kembali? Lihatlah! salib Kristus berdiri di tengah dan menjadi jembatan bagi keduanya.

Bacalah ayat-ayat seperti Roma 5:19: *Oleh ketaatan satu orang semua orang menjadi orang benar;* atau Filipi 2:8-9: *Ia telah merendahkan diri-Nya dan taat sampai mati, bahkan sampai mati di kayu salib. Itulah sebabnya Allah sangat meninggikan Dia;* atau Ibrani 5:8-9: *Dan sekalipun Ia adalah Anak, Ia telah belajar menjadi taat dari apa yang telah diderita-Nya, dan sesudah Ia mencapai kesempurnaan-Nya, Ia menjadi pokok keselamatan yang abadi bagi semua orang yang taat kepada-Nya.*

Ayat-ayat ini menerangkan kepada kita bahwa seluruh karya keselamatan yang dilakukan oleh Kristus bertujuan untuk mengembalikan ketaatan ke tempatnya semula.

Di sinilah letak indahnya keselamatan Kristus–bahwa Ia membawa kita kembali ke dalam sebuah kehidupan yang taat.

Hal ini menjadi penting karena hanya lewat ketaatan itu sajalah segala ciptaan bisa memuliakan penciptanya dan menerima kemuliaan yang hendak diberikan-Nya.

Firdaus, Golgota, dan surga semuanya sama-sama berseru dengan satu suara, "Wahai anak-anak Tuhan! Hal pertama dan terakhir yang diminta Tuhanmu kepadamu ialah ketaatan yang sederhana, total dan konsisten."

Mari Kita Kembali ke Perjanjian Lama

Perhatikanlah bahwa di setiap permulaan baru dalam sejarah Kerajaan Tuhan, ketaatan selalu jadi aspek yang menempati posisi penting. Coba pelajari kehidupan Nuh–nenek moyang umat manusia yang baru– di Kitab Kejadian. Anda akan menemukan empat perikop yang membahas perihal ketaatan Nuh.

Tepat seperti yang diperintahkan Allah kepadanya [Nuh], demikianlah dilakukannya. (Kejadian 6:22)

Lalu Nuh melakukan segala yang diperintahkan TUHAN kepadanya. (Kejadian 7:5)

Datanglah sepasang mendapatkan Nuh ke dalam bahtera itu, jantan dan betina, seperti yang diperintahkan Allah kepada Nuh. (Kejadian 7:9)

Dan yang masuk itu adalah jantan dan betina dari segala yang hidup, seperti yang diperintahkan Allah kepada Nuh. (Kejadian 7:16)

Tuhan hanya akan memercayakan pekerjaan-Nya kepada mereka yang melakukan perintah-Nya. Merekalah yang bisa dipakai-Nya untuk menyelamatkan orang lain. Coba pikirkan Abraham, nenek moyang dari bangsa pilihan Tuhan. *Karena iman Abraham...taat* (Ibrani 11:8). Setelah belajar di sekolah iman dan ketaatan selama empat puluh tahun, Tuhan datang untuk menyempurnakan dan memahkotai iman Abraham dengan berkat-Nya yang paling penuh. Tidak ada satu hal pun yang betul-betul bisa membawa Abraham sampai pada kesempurnaan imannya selain sebuah ketaatan puncak.

Setelah Abraham mengikat anaknya di altar, Tuhan datang dan berkata: *Aku bersumpah demi diri-Ku sendiri, demikianlah firman TUHAN,... Aku akan memberkati engkau berlimpah-limpah, dan membuat keturunanmu sangat banyak...oleh keturunanmulah semua bangsa di bumi akan mendapat berkat, karena engkau mendengarkan firman-Ku* (Kejadian 22:16-18). Dan kepada Ishak Dia mengatakan, *Aku akan menepati sumpah yang telah Kuikrarkan kepada Abraham...karena Abraham telah mendengarkan firman-Ku* (Kejadian 26:3,5).

Oh, kapan kita akan paham betapa ketaatan itu sangat menggembirakan hati Tuhan dan betapa tak terkatakannya upah yang akan diberikan-Nya untuk ketaatan kita? Satu-satunya cara supaya kita bisa menjadi berkat bagi dunia ini adalah dengan menjadi orang-orang yang taat; dikenal oleh Tuhan dan dunia ini dengan satu karakter, yaitu bahwa seluruh kehendak kita terpaut pada kehendak Tuhan. Biarlah semua yang mengaku mengikuti jejak Abraham berjalan di jalan ini. Sekarang, mari kita berlanjut kepada Musa. Di Gunung Sinai, Tuhan memberikannya sebuah pesan bagi bangsa Israel: *Jika kamu sungguh-sungguh mendengarkan firman-Ku dan berpegang pada perjanjian-Ku, maka kamu akan menjadi harta kesayangan-Ku sendiri dari antara segala bangsa* (Keluaran 19:5). Tidak ada jalan lain. Kemuliaan dan kesempurnaan Tuhan adalah kehendak-Nya itu sendiri; kita bisa menjadi umat-Nya hanya jika kita berpartisipasi di dalam kehendak--Nya, lewat ketaatan.

Coba ingat bangunan Kemah Suci, tempat dahulu Tuhan bersemayam. Pada tiga pasal terakhir Kitab Keluaran, terdapat sembilan belas kali pernyataan seperti ini: *Musa melakukan semuanya itu tepat seperti yang diperintahkan TUHAN kepadanya*, sehingga *kemuliaan TUHAN memenuhi Kemah Suci* (Keluaran 40:34). Di Imamat 8 dan 9, pernyataan yang sama digunakan sebanyak dua belas kali dalam konteks pentahbisan imam-imam dan Kemah Pertemuan. Setelah mereka menaati Tuhan, *tampaklah kemuliaan TUHAN kepada segenap bangsa itu, dan keluarlah api dari hadapan TUHAN, lalu menghanguskan kurban bakaran dan segala lemak di atas mezbah* (Imamat 9:23-24). Tidak ada kata lain yang bisa memperjelas firman ini. Tuhan berkenan untuk tinggal di tengah-tengah pekerjaan yang berasal dari ketaatan umat-Nya dan Ia memahkotai orang-orang yang taat kepada-Nya dengan perkenanan dan kehadiran-Nya.

Setelah bangsa Israel berkelana di padang gurun selama empat puluh tahun dan mengecap buah ketidaktaatan yang pahit, sebuah awal baru dimulai lagi ketika mereka hampir masuk ke Kanaan. Bacalah Kitab Ulangan dan semua perkataan Musa ketika dia mulai melihat tanah itu. Anda akan menemukan bahwa tidak ada kitab lain di Alkitab yang menggunakan lebih banyak kata "taat" atau yang lebih banyak berbicara soal upah ketaatan. Semua itu dapat diringkas dalam kalimat ini: *Lihatlah, aku memperhadapkan kepadamu pada hari ini berkat dan kutuk: berkat apabila kamu mendengarkan perintah TUHAN, Allahmu, yang kusampaikan kepadamu pada hari ini; dan kutuk, jika kamu tidak mendengarkan perintah TUHAN, Allahmu* (Ulangan 11:26-28).

Ya–berkat jika Anda taat! Itulah kunci dari kehidupan yang diberkati. Sama seperti Firdaus dan Surga, Kanaan bisa menjadi tanah yang diberkati karena ia merupakan tanah ketaatan. Saya berdoa supaya kita bisa menerima sekaligus menghidupi kebenaran ini. Waspadalah, jangan sampai Anda hanya berdoa meminta berkat, tetapi tidak memiliki hati yang taat kepada Tuhan. Urusan kita adalah berusaha untuk taat dan biarkan Tuhan sendiri yang mengatur masalah berkatnya. Biarlah ini menjadi satu-satunya bahan pikiran kita sebagai seorang Kristen, yaitu bagaimana saya bisa menaati dan menyenangkan hati Tuhan dengan sempurna?

Permulaan baru yang akan kita bahas selanjutnya adalah penunjukan raja-raja Israel. Dari cerita Saul, kita diperingati dengan serius bahwa Tuhan menuntut ketaatan yang betul-betul persis dan total dari orang-orang yang akan Dia percaya untuk memimpin umat-Nya.

Engkau harus pergi ke Gilgal mendahului aku, dan camkanlah, aku akan datang kepadamu untuk mempersembahkan kurban bakaran dan kurban keselamatan. Engkau harus menunggu tujuh hari lamanya, sampai aku datang kepadamu dan memberitahukan kepadamu apa yang harus kau lakukan (1 Samuel 10:8). Samuel sudah memberi perintah supaya Saul menunggunya selama tujuh hari. Setelah itu, Samuel akan datang untuk memberikan kurban persembahan bagi Tuhan dan memberikan instruksi kepada Saul. Namun, sebelum Samuel datang, Saul sudah memberikan kurban persembahannya lebih dahulu.

Ketika Samuel datang, inilah yang dikatakannya kepada Saul: *Engkau tidak mengikuti perintah TUHAN, Allahmu, yang diperintahkan-Nya kepadamu...sekarang kerajaanmu tidak akan tetap...karena engkau tidak mengikuti apa yang dikatakan TUHAN kepadamu* (1 Samuel 13:13-14). Dari ayat ini kita dapat melihat bahwa Tuhan tidak akan menghargai orang yang tidak taat.

Kemudian Saul diberi kesempatan kedua untuk menunjukkan isi hatinya. Dia diutus untuk mengeksekusi hukuman Tuhan atas bangsa Amalek. Saul taat. Dia mengumpulkan dua ratus ribu tentara, pergi ke Padang Gurun dan menghancurkan bangsa Amalek. Namun, ketika Tuhan memerintahkan Saul untuk menumpas segala yang ada pada bangsa Amalek, dan untuk tidak memberikan belas kasihan kepadanya (1 Samuel 15:3), Saul justru menyelamatkan Raja Agag beserta kambing domba dan lembu-lembu terbaik yang ada di sana. Lalu kata Tuhan kepada Samuel, *Aku menyesal karena telah menjadikan Saul raja, sebab ia telah berbalik dari pada Aku dan tidak melaksanakan firman-Ku* (1 Samuel 15:11). Ketika Samuel datang, Saul berkata: *Aku telah melaksanakan firman Tuhan* (1 Samuel 15:13) dan *aku memang mendengarkan suara TUHAN* (1 Samuel 15:20).

Banyak orang yang berpikir bahwa Saul sudah menaati Tuhan, tetapi ketaatannya tidak total. Tuhan meminta ketaatan yang total dan yang sama persis dengan perintah-Nya. Tuhan sudah mengatakan: *Tumpas segala yang ada padanya... dan janganlah ada belas kasihan kepadanya!* Tetapi Saul tidak melakukannya. Dia menyisakan kambing-kambing terbaik untuk dipersembahkan kepada Tuhan. *Dan jawab Samuel, ... Mendengarkan lebih baik daripada kurban sembelihan... Karena engkau telah menolak firman TUHAN, maka Ia telah menolak engkau sebagai raja* (1 Samuel 15:22-23).

Ini adalah satu bentuk ketaatan yang menyedihkan, tetapi

sangat sering terjadi. Ini adalah ketaatan yang hanya melakukan sebagian kehendak Tuhan. Ini bukan bentuk ketaatan yang diminta Tuhan! Tuhan memerintahkan kita untuk menghancurkan semua dosa dan ketidaktaatan! Jangan ada sisa! Biarlah Tuhan menunjukkan apakah kita sudah menaati Dia sepenuhnya atau belum; apakah kita sudah berusaha menghancurkan semua yang tidak selaras dengan kehendak-Nya atau belum.

Hati Tuhan hanya dapat dipuaskan dengan bentuk ketaatan yang sepenuh hati dan yang menjangkau sampai ke detail paling kecil. Jangan puas dengan standar yang lebih rendah dari ini. Jangan sampai ketika kita berkata, "Aku sudah taat," Tuhan malah berkata, "Engkau telah menolak firman Tuhan."

Satu cerita terakhir dari Perjanjian Lama. Setelah Kitab Ulangan, Kitab Yeremia adalah kitab yang paling banyak menggunakan kata "taat," dan sedihnya, hampir semuanya berkaitan dengan keluh kesah karena bangsa Israel tidak menaati Tuhan. Tuhan menyimpulkan seluruh hubungan-Nya dengan nenek moyang bangsa Israel di dalam kalimat ini: *Aku tidak mengatakan atau memerintahkan kepada mereka sesuatu tentang kurban bakaran dan kurban sembelihan; hanya yang berikut inilah yang telah Kuperintahkan kepada mereka: Dengarkanlah suara-Ku, maka Aku akan menjadi Allahmu* (Yeremia 7:22-23).

Saya harap kita akan mengerti bahwa semua perkataan Tuhan mengenai kurban persembahan–bahkan kurban kematian Anak yang dikasihi-Nya di kayu salib–tunduk di bawah satu tujuan ini: supaya kita–ciptaan-Nya–kembali pada ketaatan yang sempurna kepada Tuhan. Sama sekali tidak ada cara lain untuk memahami kedalaman arti janji Tuhan: *Aku akan menjadi Allahmu*, selain dengan melakukan perintah-Nya ini: *Taatilah suara-Ku.*

Mari Kita Beralih ke Perjanjian Baru

Di sini pikiran kita tentu saja langsung tertuju kepada Yesus dan bagaimana Ia menyebut ketaatan sebagai satu-satunya alasan kedatangan-Nya ke bumi. Dia memasuki dunia kita dengan berkata: *Sungguh, Aku datang untuk melakukan kehendak-Mu, ya Tuhan* (Ibrani 10:9), dan selama tinggal di sini, yang dikatakan Yesus kepada manusia adalah: *Aku tidak menuruti kehendak-Ku sendiri, melainkan kehendak Dia yang mengutus Aku* (Yohanes 5:30). Atas semua yang dilakukan Yesus; atas semua yang diderita-Nya; bahkan atas kematian-Nya, Dia berkata: *Inilah tugas yang Kuterima dari Bapa-Ku* (Yohanes 10:18). Jika memperhatikan ajaran Yesus, kita akan selalu menemukan bahwa ketaatan yang sudah dilakukan-Nya adalah bentuk ketaatan yang juga dituntut-Nya dari semua murid-murid-Nya. Dalam seluruh pelayanan Yesus, sejak awal hingga akhir, ketaatan merupakan inti dari karya keselamatan yang dikerjakan-Nya.

Yesus mulai berbicara soal ketaatan ketika Ia menyampaikan Khotbah di Atas Bukit. Yesus mengatakan bahwa tidak ada yang bisa masuk ke dalam kerajaan Tuhan, selain *ia yang melakukan kehendak Bapa-Ku yang di surga* (Matius 7:21). Dalam kata-kata perpisahan-Nya, Yesus menjelaskan dengan begitu mengagumkan bahwa ketaatan itu sendiri adalah suatu hal yang bersifat spiritual, dilahirkan oleh kasih, diinspirasi oleh kasih, dan ia jugalah yang membuka jalan ke dalam kasih Tuhan. Tanamkanlah kata-kata Yesus yang mengagumkan ini ke dalam hatimu:

Jikalau kamu mengasihi Aku, kamu akan menuruti segala perintah-Ku; Aku akan minta kepada Bapa, dan Ia akan memberikan kepadamu seorang Penolong yang lain, supaya Ia menyertai

SEKOLAH KETAATAN

kamu selama-lamanya, yaitu Roh Kebenaran... Barangsiapa memegang perintah-Ku dan melakukannya, dialah yang mengasihi Aku; dan barangsiapa mengasihi Aku, ia akan dikasihi oleh Bapa-Ku dan Aku pun akan mengasihi dia dan akan menyatakan diri-Ku kepadanya...Jika seorang mengasihi Aku, ia akan menuruti firman-Ku dan Bapa-Ku akan mengasihi Dia dan Kami akan datang kepadanya dan diam bersama-sama dengan Dia (Yohanes 14:15-17, 21,23).

Tidak ada kata-kata yang bisa menggambarkan dengan lebih sederhana atau lebih kuat bagaimana Yesus memberikan tempat yang sangat mulia bagi ketaatan. Dari perkataan Yesus itu, kita bisa melihat bahwa ketaatan memiliki dua lapis kemungkinan: (1) Ketaatan hanya bisa dilakukan oleh hati yang mengasihi, (2) Dan ketaatan itu jugalah yang membuat kita bisa menerima semua yang hendak diberikan Tuhan, yaitu Roh Kudus-Nya, kasih-Nya yang mengagumkan dan kehadiran Kristus yang akan tetap tinggal di dalam kita. Saya tidak mengetahui pasal lain di Alkitab yang memberikan iluminasi lebih tinggi tentang kehidupan spiritual, atau tentang ketaatan kasih sebagai satu-satunya syarat untuk mengalami kehidupan itu. Mari kita berdoa dengan sungguh-sungguh kepada Tuhan supaya, lewat Roh Kudus, kebenaran ini akan memperlihatkan kemuliaan surgawinya di dalam ketaatan sehari-hari kita.

Lihatlah bagaimana semua kebenaran ini ditegaskan dalam bab selanjutnya. Betapa sering kita mendengar tentang Yohanes 15 dan tentang perumpamaan pokok anggur! Betapa seringnya dan betapa bersungguh-sungguhnya kita memohon supaya bisa tetap tinggal di dalam Kristus! Kita sudah berencana untuk lebih banyak membaca Alkitab, lebih sungguh-sungguh percaya, lebih banyak berdoa, dan lebih sering bersekutu dengan Tuhan, tetapi kita telah melupakan satu kebenaran sederhana yang diajarkan Yesus dengan sangat jelas; *Jikalau kamu menuruti perintah-Ku, kamu akan tinggal di dalam kasih-Ku, seperti Aku menuruti perintah Bapa-Ku dan tinggal di dalam kasih-Nya* (Yohanes 15:10).

Bagi Yesus, dan demikian juga bagi kita, satu-satunya cara di kolong langit ini untuk tetap tinggal dan hidup di dalam kasih Tuhan adalah dengan melakukan perintah-Nya. Saya ingin tahu, apakah Anda sudah mengetahuinya? Apakah Anda sudah pernah mendengar ini dikhotbahkan? Apakah Anda sudah pernah mempercayainya dan membuktikannya lewat pengalaman Anda? Ketaatan di bumi adalah kunci untuk mengalami kasih Tuhan. Selama kasih Tuhan yang dari surga tidak terhubung dengan ketaatan kita di bumi, maka Kristus tidak akan bisa menyatakan diri-Nya kepada kita; Tuhan tidak akan bisa hidup di dalam kita; dan kita tidak akan bisa tinggal di dalam kasih-Nya.

Jika kita beralih dari Kristus kepada rasul-rasul-Nya, kita akan menemukan dua pernyataan Petrus di dalam Kitab Kisah Para Rasul yang menunjukkan bagaimana pengajaran Yesus telah meresap ke dalam dirinya. Pertama, dengan mengatakan bahwa Tuhan telah memberikan Roh Kudus-Nya *kepada semua orang yang menaati Dia* (Kis 5:32), Petrus membuktikan pengetahuannya bahwa penyerahan diri kepada Kristus adalah persiapan bagi Pentakosta. Dalam pernyataan yang lain Petrus berkata: *Kita harus lebih taat kepada Allah daripada kepada manusia* (Kis 5:29). Ketaatan haruslah sampai mati. Tidak ada satu unsur pun yang berani atau sanggup menghalangi ketaatan seseorang yang sudah memberikan kehidupanya kepada Kristus.

Di dalam bagian pembuka dan penutup surat Paulus kepada jemaat di Roma, ia menjelaskan bahwa dirinya dipilih menjadi rasul *untuk menuntun semua bangsa, supaya mereka percaya dan taat kepada nama-Nya* (Roma 1:5), dan *untuk membimbing mereka kepada ketaatan iman* (Roma 16:26). Paulus juga berbicara tentang tindakan yang sudah dilakukan Tuhan untuk *memimpin bangsa-bangsa lain kepada ketaatan* (Roma 15:18). Paulus mengajarkan bahwa sama seperti ketaatan Kristus telah membuat kita menjadi orang benar, maka kita pun telah menjadi hamba kepada ketaatan–yang akan membawa kita kepada kesalehan (Roma 6:16).

Sama seperti ketidaktaatan di dalam Adam dan di dalam kita yang telah membawa kematian, demikian pula ketaatan yang ada di dalam Kristus dan di dalam kita, merupakan satu-satunya jalan untuk kembali ke Tuhan dan kepada perkenanan-Nya (Roma 5:12-21). Kita semua tahu bagaimana Yakobus memperingatkan kita untuk tidak sekadar mendengarkan firman Tuhan, tetapi juga melakukannya (Yakobus 1:22). Dia juga menjelaskan bahwa Abraham dianggap sebagai orang benar dan bahwa imannya disempurnakan lewat tindakan-tindakannya (Yakobus 2:21-22).

Di dalam surat Petrus yang pertama, kita hanya perlu melihat pasal satu untuk memahami bagaimana Petrus memandang ketaatan. Di ayat dua, Petrus berbicara kepada orang-orang pilihan…*yang dikuduskan oleh Roh, supaya taat kepada Yesus Kristus dan menerima percikan darah-Nya.* Di sini Petrus menunjukkan ketaatan sebagai tujuan kekal Bapa; sebagai pekerjaan Roh Kudus; dan sebagai bagian utama dari keselamatan yang diberikan Kristus. Lalu Petrus menulis: *Sebagai anak-anak yang taat*–dilahirkan dalam ketaatan; dikenal dengan ketaatan; tunduk pada ketaatan–*hendaklah kamu menjadi kudus dalam seluruh hidupmu* (1 Petrus 1:14-15).

Ketaatan merupakan titik awal menuju kekudusan yang sejati. Dalam ayat 22 kita membaca: *Karena kamu telah menyucikan dirimu oleh ketaatan kepada kebenaran.* Kita menerima kebenaran firman Tuhan bukan ketika kita menyetujuinya secara intelektual atau ketika kita merasakan emosi yang kuat;

tetapi ketika kita tunduk kepadanya. Ketaatan adalah prinsip utama dalam kehidupan Kristiani.

Kita tahu betapa kerasnya pernyataan Yohanes mengenai ketaatan ketika dia berkata, *Barangsiapa berkata: Aku mengenal Dia, tetapi ia tidak menuruti perintah-Nya, ia adalah seorang pendusta* (1 Yohanes 2:4). Ketaatan adalah satu-satunya karakter yang membuktikan identitas Kristiani kita. *Marilah kita…mengasihi…dengan perbuatan dan dalam kebenaran; demikianlah kita ketahui, bahwa kita berasal dari kebenaran. Demikianlah pula kita boleh menenangkan hati kita di hadapan Allah…dan apa saja yang kita minta, kita memperolehnya daripada-Nya, karena kita menuruti segala perintah-Nya dan berbuat apa yang berkenan kepada-Nya* (1 Yohanes 3:18-19, 22).

Ketaatan adalah rahasia akan hati nurani yang sehat dan kunci untuk memiliki keyakinan bahwa Tuhan telah mendengarkan doa kita. *Sebab inilah kasih kepada Allah, yaitu, bahwa kita menuruti perintah-perintah-Nya* (1 Yohanes 5:3). Jika ketaatan diumpamakan sebagai kain, maka di atas kain itulah kasih–yang tersembunyi dan tidak terlihat–akan menyatakan dirinya. Kasih itu hanya bisa dikenali ketika ia menyatakan dirinya di atas kain ketaatan tadi.

Demikianlah pentingnya ketaatan di dalam firman Tuhan; di dalam pikiran Tuhan; dan di dalam hati hamba-hamba-Nya. Sudahkah kita menemukan ketaatan di dalam kehidupan dan di dalam hati kita? Sudahkah kita menempatkan ketaatan sebagai otoritas tertinggi di dalam kehidupan kita sebagaimana Tuhan menghendakinya? Sudahkah ketaatan menjadi inspirasi atas segala tindakan kita? Sudahkah ketaatan menjadi motivasi yang medorong kita untuk datang mendekat kepada Tuhan?

Seandainya kita menyerahkan diri untuk diselidiki oleh Roh Tuhan, mungkin kita akan menemukan bahwa kita belum pernah menempatkan ketaatan pada posisi yang seharusnya di dalam kehidupan kita. Itulah kenapa doa-doa dan pekerjaan kita selalu gagal. Mungkin kita sering merasa bahwa menikmati kasih karunia Tuhan yang lebih dalam; menikmati kasih-Nya secara penuh; dan mengalami keintiman dengan-Nya merupakan suatu hal yang tidak mungkin kita jangkau. Penyebabnya ialah kita tidak pernah menempatkan ketaatan sesuai dengan perintah Tuhan, yaitu sebagai titik awal dan sebagai tujuan akhir kehidupan Kristiani kita.

Biarlah pelajaran pertama ini membangkitkan suatu keinginan yang kuat di dalam kita untuk benar-benar memahami kehendak Tuhan mengenai ketaatan. Mari kita sama-sama berdoa supaya Roh Kudus menunjukkan betapa cacatnya kehidupan seorang Kristen yang hidupnya tidak dikuasai oleh ketaatan. Dambakanlah untuk memahami bagaimana cara mengubah kehidupan yang cacat ini menjadi sebuah kehidupan yang taat. Dan percayalah bahwa Tuhan–di dalam Kristus–pasti akan memampukan kita untuk hidup dalam ketaatan kepada-Nya.

Bab 2

Ketaatan Kristus

Oleh ketaatan satu orang semua orang menjadi orang benar (Roma 5:19).

Apakah kamu tidak tahu, bahwa apabila kamu menyerahkan dirimu kepada seseorang sebagai hamba untuk menaatinya, kamu adalah hamba orang itu, yang harus kamu taati, baik dalam dosa yang memimpin kamu kepada kematian, maupun dalam ketaatan yang memimpin kamu kepada kebenaran? (Roma 6:16).

Oleh ketaatan satu orang semua orang menjadi orang benar. Kalimat ini menunjukkan apa yang sudah kita terima dari Kristus. Jika di dalam Adam kita menjadi orang berdosa, maka di dalam Kristus kita menjadi orang benar. Ayat ini juga menjelaskan bahwa yang membuat kita menjadi orang benar adalah ketaatan Kristus. Jika ketidaktaatan Adam membuat kita menjadi orang berdosa, maka ketaatan Kristus membuat kita menjadi orang benar. Kita harus mensyukuri ketaatan Kristus!

Ketaatan merupakan salah satu warisan kita yang paling berharga di dalam Kristus. Banyak orang Kristen yang belum pernah mempelajari ini sehingga mereka tidak pernah belajar menghargai; menemukan kebahagiaan; dan menerima berkat dari ketaatan Kristus. Semoga Roh Kudus akan menyatakan betapa agungnya ketaatan Kristus itu dan membuat kita ikut ambil bagian di dalam kuasanya.

Anda tentunya sudah akrab dengan doktrin pembenaran oleh iman yang dijelaskan Paulus sebelum ia menulis ayat yang akan kita bahas di dalam bab ini. Di dalam surat-suratnya kepada jemaat di Roma (Roma 3:21-5:11), Paulus mengajarkan bahwa dasar dari doktrin itu adalah penebusan darah Kristus. Paulus mengajarkan bahwa cara dan syarat supaya kita dibenarkan oleh iman adalah dengan percaya pada kasih karunia cuma-cuma Tuhan yang berkuasa untuk mengubah orang berdosa menjadi orang benar. Paulus mengajarkan bahwa buah manis yang kita peroleh ketika dibenarkan dengan iman adalah pelimpahan kesalehan Kristus; perkenanan Allah; dan juga harapan akan kemuliaan.

Dalam pasal yang kita bahas di bab ini, Paulus lebih lanjut menjelaskan bahwa lewat iman, kita disatukan dengan Kristus. Penyatuan kita dengan Kristus merupakan akar dari doktrin pembenaran serta dasar yang memungkinkan dan membenarkan tindakan Allah untuk menerima kita demi Kristus. Lalu Paulus kembali menjelaskan tentang Adam dan penyatuannya dengan kita, dan tentang semua akibat yang lahir dari penyatuan itu. Paulus menjelaskan ini untuk membuktikan bahwa memang sangat masuk akal dan lazim jika mereka yang menerima Kristus lewat iman–sehingga menjadi satu dengan-Nya–juga akan ikut ambil bagian dalam kesalehan dan kehidupan-Nya. Dalam pasal ini Paulus juga menekankan perbedaan antara ketidaktaatan Adam yang membawa hukuman dan kematian, dengan ketaatan Kristus yang membawa kesalehan dan kehidupan. Setelah mempelajari bagaimana ketaatan Kristus menyelamatkan kita, kita akan tahu tempat seperti apa yang harus kita berikan bagi ketaatan itu di dalam kehidupan dan hati kita.

Oleh ketidaktaatan satu orang semua orang telah menjadi orang berdosa (Roma 5:19). Bagaimana ini bisa terjadi? Hubungan antara Adam dan keturunannya memiliki dua lapisan, yaitu hubungan yudisial dan hubungan vital. Hubungan yudisial terkait dengan aspek hukum dan penghakiman, sementara hubungan vital terkait dengan kehidupan dan cara hidup kita.

Hubungan Yudisial dan Hubungan Vital

Lewat hubungan yudisial dengan Adam, seluruh umat manusia, bahkan yang belum dilahirkan sekalipun, secara otomatis didakwa atas hukuman mati. *Maut telah berkuasa dari zaman Adam sampai kepada zaman Musa, juga atas mereka* (seperti anak-anak kecil) *... yang tidak berdosa dengan cara yang sama seperti yang telah dibuat oleh Adam* (Roma 5:14).

Akar dari hubungan yudisial ini ada di dalam hubungan vital. Kita tidak akan didakwa atas hukuman mati itu jika saja kita tidak berada di dalam Adam–sehingga mewarisi sifatnya. Hubungan vital menjadi manifestasi dari hubungan yudisial; semua keturunan Adam terlahir ke dunia ini dalam kuasa dosa dan kematian. *Karena ketidaktaatan satu orang semua orang telah menjadi orang berdosa,* baik dalam keadaannya–takluk pada kutukan dosa–maupun dalam kodratnya–takluk di bawah kekuatan dosa.

Adam *adalah gambaran Dia yang akan datang* (Roma 5:14). Kristus disebut sebagai Adam kedua (1 Korintus 15:45), nenek moyang kedua umat manusia. Buah dari ketidaktaatan Adam merupakan paralel yang sama persis dengan buah yang dihasilkan ketaatan Kristus bagi kita. Ketika satu orang berdosa percaya kepada Kristus, ia disatukan dengan Kristus. Dari aspek hukum, ia langsung dinyatakan dan diterima sebagai orang benar di hadapan Allah, bukan lagi sebagai orang berdosa. Hubungan yudisial berakar di dalam hubungan vital. Orang itu bisa memiliki kesalehan Kristus–sehingga dianggap menjadi orang benar–hanya jika ia memiliki Kristus, dan dengan demikian, tinggal di dalam-Nya. Sebelum mengetahui warisan apa saja yang dimilikinya di dalam Kristus, orang itu bisa mengetahui bahwa ia sudah diterima dan dinyatakan tidak berdosa di hadapan Allah. Selanjutnya orang itu akan dibawa untuk memahami hubungan vital. Jika dulu ia berpartisipasi penuh di dalam ketidaktaatan Adam serta kodrat berdosa yang menyertainya, maka kini ia pun memiliki bagian penuh di dalam ketaatan Kristus; beserta dengan kesalehan, ketaatan dan sifat-sifat lain yang lahir dari hubungan itu.

Coba perhatikan dan pahami ini. Ketidaktaatan Adam membuat kita menjadi orang berdosa. Satu-satunya yang diminta Tuhan dari Adam di Taman Firdaus ialah ketaatan. Kita hanya bisa memuliakan Tuhan, menikmati perkenanan dan berkat-Nya lewat satu hal, yaitu ketaatan. Ketidaktaatan adalah satu hal yang telah menyebabkan dunia ini dikuasai dan dikacaukan oleh kuasa dosa. Kita mengalami kutukan dosa hingga saat ini karena ketidaktaatan Adam telah diturunkan kepada kita. Kuasa dosa bekerja di dalam kita karena ketika kita mewarisi sifat Adam, kita juga mewarisi ketidaktaatannya. Kita terlahir sebagai anak-anak pemberontak (Kolose 3:6).

Inilah alasan kita memerlukan Juru Selamat, yaitu untuk membuang ketidaktaatan beserta kutukannya, kekuasaannya, sifatnya yang jahat, dan pekerjaan-pekerjaannya. Ketidaktaatan adalah akar dari segala dosa dan kesengsaraan kita. Tujuan utama dari keselamatan Yesus adalah untuk memotong akar kejahatan itu dan mengembalikan manusia ke takdir aslinya, yaitu hidup di dalam ketaatan kepada Tuhan.

Bagaimana Kristus Melakukannya?

Pertama-tama, Kristus datang sebagai Adam kedua untuk membatalkan hal yang telah dilakukan oleh Adam pertama. Dosa telah membuat kita percaya pada kebohongan bahwa mencari tahu dan berusaha melakukan kehendak Tuhan adalah suatu hal yang memalukan. Kristus datang untuk menunjukkan kepada kita betapa terhormatnya, betapa diberkatinya dan betapa surgawinya ketaatan itu. Ketika Tuhan memberikan jubah ciptaan untuk kita pakai, kita tidak tahu bahwa keindahan dan kemurniannya terletak pada ketaatan kita kepada Tuhan. Kristus datang dan mengenakan jubah yang sama dengan kita untuk menunjukkan bagaimana cara mengenakannya dengan benar sehingga kita bisa masuk ke dalam kehadiran dan kemuliaan Tuhan. Kristus datang untuk mengalahkan dan membuang ketidaktaatan kita, lalu memberikan ketaatan-Nya sendiri ke atas kita dan ke dalam kita. Sebagaimana pemberontakan Adam bersifat sangat universal dan kuat sehingga mampu mempengaruhi seluruh keturunannya, ketaatan Kristus bahkan memiliki kuasa yang lebih besar lagi dari itu.

Kehidupan Kristus di dunia ini memiliki tiga lapis tujuan: (1) sebagai teladan; untuk menunjukkan bentuk ketaatan yang sejati kepada kita; (2) sebagai jaminan; bahwa dengan ketaatan-Nya kita akan memperoleh kesalehan; (3) sebagai pemimpin; untuk mempersiapkan suatu kodrat baru dan penurut yang akan ditanamkan di dalam kita.

Di dalam kematian-Nya, Yesus menunjukkan bahwa Ia siap untuk taat sepenuhnya, bahkan jika itu berarti mati bagi Tuhan. Ia menunjukkan bahwa ketaatan-Nya merupakan substitusi dan tebusan atas pemberontakan kita. Dia menunjukkan bahwa di dalam ketaatan-Nya, Ia mengalami kematian terhadap dosa, yang merupakan pintu masuk ke dalam kehidupan Ilahi.

Segala pengaruh pemberontakan Adam di dalam kita

harus dibuang dan digantikan dengan ketaatan Kristus. Dari aspek yudisial, ketaatan Kristus membuat kita menjadi orang benar. Sama halnya dulu kita menjadi orang berdosa karena ketidaktaatan Adam, kini kita dibenarkan sepenuhnya dan dibebaskan dari kuasa dosa dan kematian; kini kita berdiri di hadapan Tuhan sebagai orang benar. Secara vital, kita disatukan dengan Kristus lewat kematian dan kebangkitan-Nya, sehingga kita benar-benar mati atas dosa dan mulai hidup di dalam Tuhan, sama persis seperti Yesus. Kehidupan yang kita terima di dalam Yesus tidak lain adalah sebuah kehidupan yang taat.

Biarlah semua orang yang ingin memahami arti ketaatan memikirkan dengan baik bahwa ketaatan Kristus adalah kunci dari kesalehan dan keselamatan yang kita temukan di dalam-Nya. Ketaatan adalah hakikat dari kesalehan itu sendiri; ketaatan adalah hakikat dari keselamatan itu sendiri. Ketaatan Kristus–yang telah saya terima, saya percayai dan saya rayakan–adalah satu-satunya dasar keselamatan yang tidak akan pernah berubah dan yang tidak akan pernah saya tinggalkan. Ketaatan-Nya itu jugalah yang telah menelan habis dan mengakhiri pemberontakan saya. Ketaatan Kristus–sama seperi ketidaktaatan Adam yang dulu menguasai, mengatur dan membawa kematian dalam kehidupan saya–kini menjadi kekuatan yang menghidupkan suatu kodrat baru di dalam kehidupan saya. Sekarang saya memahami alasan Paulus mengaitkan kesalehan dan kehidupan dengan begitu eratnya di dalam pasal ini. *Sebab, jika oleh dosa satu orang, maut telah berkuasa oleh satu orang itu, maka lebih benar lagi mereka, yang telah menerima kelimpahan kasih karunia dan anugerah kebenaran, akan hidup dan berkuasa oleh karena satu orang itu, yaitu Yesus Kristus* (Roma 5:17), bahkan selama mereka masih hidup di bumi ini. *Oleh satu perbuatan kebenaran semua orang beroleh pembenaran untuk hidup* (Roma 5:18).

Jika kita mencari persamaan di antara Adam pertama dan

Adam kedua dengan teliti, kita akan mengerti bagaimana kematian dan pemberontakan berkuasa di dalam benih dan juga di dalam diri Adam yang pertama. Kematian dan ketidaktaatan itu diturunkan dalam porsi yang sama besarnya kepada semua keturunan Adam pertama. Setelah memahami ini, kita juga akan semakin mengerti bagaimana ketaatan Kristus telah menjadi milik kita. Kita tidak hanya dikaitkan dengan ketaatan-Nya, tetapi ketaatan Kristus itu benar-benar menjadi milik pribadi kita. Ketaatan itu sangat tidak terpisahkan dari kehidupan Yesus, sehingga menerima Yesus dan kehidupan-Nya berarti menerima ketaatan-Nya. Saat menerima kesalehan yang diberikan Tuhan secara cuma-cuma, pandangan kita akan langsung diarahkan pada ketaatan Kristus yang telah melahirkan kesalehan itu; yang tidak bisa dipisahkan darinya; dan yang merupakan satu-satunya sumber kehidupan dan pertumbuhan kita.

Perhatikan bagaimana hubungan ini akan dijelaskan pada bab berikutnya. Setelah berbicara tentang penyatuan kehidupan kita dengan kehidupan Kristus, Paulus kemudian menuliskan perintah pertama di dalam surat-suratnya. Dia menulis, *sebab itu hendaklah dosa jangan berkuasa lagi di dalam tubuhmu yang fana...tetapi serahkanlah dirimu kepada Allah* (Roma 6:12-13). Lalu ia menjelaskan artinya, yaitu bahwa kita harus menaati Tuhan: *Apakah kamu tidak tahu, bahwa apabila kamu menyerahkan dirimu kepada seseorang sebagai hamba untuk menaatinya, kamu adalah hamba orang itu, yang harus kamu taati, baik dalam dosa yang memimpin kamu kepada kematian, maupun dalam ketaatan yang memimpin kamu kepada kebenaran?* (Roma 6:16).

Hubungan kita dengan ketaatan adalah suatu hal yang bersifat praktis. Anda telah dibebaskan dari ketidaktaatan (Ketidaktaatan Adam dan ketidaktaatanmu sendiri), dan sekarang Anda telah menjadi hamba ketaatan–yang akan memimpinmu *pada kesalehan*. Ketaatan Kristus memimpin kepada kesalehan–yang dihadiahkan Tuhan untukmu. Ketaatan adalah satu-satunya cara untuk mempertahankan hubunganmu dengan Tuhan dan mempertahankan kehidupan yang saleh. Permulaan kehidupanmu di dalam Kristus datang dari ketaatan-Nya yang memimpin kepada kesalehan. Anda juga hanya bisa melanjutkan kehidupan di dalam Kristus lewat ketaatan yang memimpin kepada kesalehan. Hanya ada satu hukum yang berlaku bagi semua anggota tubuh. Bagi Adam dan keturunannya, hukum yang berlaku adalah ketidaktaatan dan kematian, tetapi bagi Kristus dan keturunan-Nya, hukum yang berlaku adalah ketaatan dan kehidupan. Satu-satunya pengikat dan persamaan antara Adam dan keturunannya adalah pemberontakan. Sementara satu-satunya pengikat dan persamaan di antara Kristus dan keturunan-Nya adalah ketaatan.

Ketaatanlah yang membuat Yesus menjadi Penebus bagi kita dan menjadi sasaran kasih sayang Bapa. *Bapa mengasihi Aku, oleh karena Aku memberikan nyawa-Ku untuk menerimanya kembali. Tidak seorang pun mengambilnya daripada-Ku, melainkan Aku memberikannya menurut kehendak-Ku sendiri. Aku berkuasa memberikannya dan berkuasa mengambilnya kembali. Inilah tugas yang Kuterima dari Bapa-Ku* (Yohanes 10:17-18). Hanya ketaatanlah yang bisa membawa kita tinggal di dalam kasih dan menikmati penebusan Kristus. *Barangsiapa memegang perintah-Ku dan melakukannya, dialah yang mengasihi Aku; dan barangsiapa mengasihi Aku, ia akan dikasihi oleh Bapa-Ku dan Aku pun akan mengasihi dia dan akan menyatakan diri-Ku kepadanya...Jika seorang mengasihi Aku, ia akan menuruti firman-Ku dan Bapa-Ku akan mengasihi dia dan Kami akan datang kepadanya dan diam bersama-sama dengan Dia* (Yohanes 14:21, 23).

Oleh ketaatan satu orang semua orang menjadi orang benar (Roma 5:19). Semuanya tergantung pada pengetahuan dan partisipasi kita di dalam ketaatan–yang merupakan gerbang dan jalan untuk bersukacita di dalam kesalehan. Di awal pertobatan, kesalehan itu dilimpahkan serta-merta lewat iman, secara utuh, dan berlaku untuk selamanya. Tetapi orang yang menerimanya tidak tahu banyak tentang ketaatan yang sebenarnya menyertai kesalehan itu. Namun, jika kita benar-benar memercayai, menaati dan berusaha agar kuasa kesalehan itu menguasai kita sebagai *hamba kebenaran* (Roma 6:18), maka kita akan mengerti bahwa kesalehan lahir dari ketaatan, dan ia akan selalu membawa kita kembali ke sumbernya, yaitu Kristus sendiri. Semakin teguh kita berpegang pada kesalehan Kristus dengan kekuatan Roh Kudus, maka akan semakin kuat pula keinginan kita untuk berpartisipasi di dalam ketaatan yang telah melahirkan kesalehan itu. Dengan pemahaman ini, marilah kita mempelajari ketaatan Kristus dengan sungguh-sungguh, supaya kita pun bisa hidup sebagai hamba-hamba *ketaatan yang memimpin pada kesalehan,* sama seperti Yesus.

Di dalam Kristus, ketaatan adalah sebuah prinsip kehidupan
Bagi Kristus, ketaatan bukan sekadar satu tindakan sekali waktu, bahkan bukan juga serangkaian tindakan, tetapi merupakan roh yang menguasai seluruh kehidupan-Nya. *Sebab Aku telah turun dari surga bukan untuk melakukan kehendak-Ku, tetapi untuk melakukan kehendak Dia yang telah mengutus Aku* (Yohanes 6:38). *Sungguh, Aku datang untuk melakukan kehendak-Mu, ya Tuhan* (Ibrani 10:9). Yesus datang ke dunia untuk satu tujuan, yaitu melakukan kehendak Tuhan. Kuasa tertinggi yang mengatur seluruh kehidupan-Nya adalah ketaatan.

Yesus bersedia untuk membuat kita menjadi sama seperti diri-Nya. Inilah yang dijanjikan-Nya ketika Dia berkata, *Siapa pun yang melakukan kehendak Bapa-Ku di surga, dialah saudara-Ku laki-laki, dialah saudara-Ku perempuan, dialah ibu-Ku* (Matius 12:50). Orang-orang di dalam satu keluarga biasanya terhubung satu sama lain karena kemiripan dan kehidupan yang mereka jalani bersama-sama. Demikian pula dengan keluarga Allah, ikatan yang menyatukan kita dengan Kristus ialah bahwa kita sama-sama melakukan kehendak Bapa.

Di dalam Kristus, ketaatan adalah sebuah sukacita

> *Aku suka melakukan kehendak-Mu, ya Allah-Ku* (Mazmur 40:8).

> *Makanan-Ku ialah melakukan kehendak Dia yang mengutus Aku* (Yohanes 4:34).

Makanan yang kita makan biasanya akan membuat kita merasa segar dan hidup. Orang yang sehat biasanya akan merasa bahagia saat menikmati makanannya. Namun, ini bukan hanya soal kenikmatan saja; makanan adalah sebuah kebutuhan hidup. Melakukan kehendak Bapa adalah makanan yang didambakan Yesus dan tanpanya, Ia tidak dapat hidup. Hanya itulah makanan yang bisa memuaskan rasa lapar-Nya, menyegarkan jiwa-Nya dan membuat-Nya bahagia.

Inilah yang dimaksud Daud ketika dia mengatakan bahwa firman Tuhan itu *lebih manis daripada madu* (Mazmur 19:10). Jika kita memahami dan menerima firman Tuhan seperti yang diungkapkan Daud, ketaatan akan jadi terasa lebih lazim, lebih penting, dan lebih menyegarkan daripada makanan yang biasa kita makan setiap hari.

Di dalam Kristus, ketaatan akan memimpin kita untuk menunggu kehendak Tuhan

Tuhan tidak sekaligus menyatakan semua rencana-Nya kepada Kristus, tetapi hari demi hari, sesuai dengan situasi yang dialami-Nya. Di dalam ketaatan-Nya terjadi pertumbuhan dan kemajuan; pelajaran terakhir adalah yang paling sulit. Setiap tindak ketaatan yang Dia lakukan akan mempersiapkan-Nya untuk menemukan kehendak Bapa yang selanjutnya. Kata Yesus: *Engkau telah membuka telinga-Ku...Aku suka melakukan kehendak-Mu, ya Allah-Ku* (Mazmur 40:6, 8). Jika ketaatan telah menjadi gairah yang memimpin kehidupan kita, maka telinga kita akan dibuka oleh Roh Tuhan untuk menantikan pengajaran-Nya. Ketika itulah kita tidak bisa lagi dipuaskan dengan apa pun selain petunjuk Tuhan atas kehendak-Nya di dalam kehidupan kita.

Di dalam Kristus, ketaatan ialah sampai mati
Ketika Yesus berkata: *Aku telah turun dari surga bukan untuk melakukan kehendak-Ku, tetapi untuk melakukan kehendak Dia yang telah mengutus Aku* (Yohanes 6:38), Dia sudah siap untuk menyangkal semua keinginan-Nya dan hanya melakukan kehendak Bapa saja. Dia betul-betul bermaksud demikian. Bukan kehendak-Ku; tetapi kehendak Tuhan, berapa pun harganya.

Ke dalam ketaatan yang seperti inilah kita diundang dan dimampukan oleh Yesus. Penyerahan diri yang sepenuh hati untuk hanya melakukan kehendak Tuhan adalah satu-satunya bentuk ketaatan yang sejati. Ini adalah satu-satunya kekuatan yang sanggup menopang kita. Saya harap semua orang percaya akan mengerti bahwa tidak ada hal lain yang bisa memberi sukacita dan kekuatan bagi jiwa mereka selain ketaatan ini!

Selama kita masih ragu untuk memberikan ketaatan yang sempurna kepada Tuhan, dan selama kita masih takut akan adanya kemungkinan gagal, kita telah kehilangan iman yang menjamin kemenangan itu sendiri. Namun, jika kita mengerti bahwa Tuhan benar-benar mengharapkan ketaatan yang sempurna dari kita, jika kita berusaha untuk menaati Dia sepenuhnya, dan jika kita tidak memberikan apa pun selain ketaatan yang sempurna kepada-Nya, maka saat itu kita sedang menyerahkan diri kepada pekerjaan Ilahi sehingga Roh Kudus akan menguasai seluruh kehidupan kita.

Di dalam Kristus, ketaatan mekar dari kerendahan hati yang paling dalam

> *Hendaklah kamu…menaruh pikiran dan perasaan yang terdapat juga dalam Kristus Yesus, yang walaupun dalam rupa Allah, tidak menganggap kesetaraan dengan Allah itu sebagai milik yang harus dipertahankan, melainkan telah mengosongkan diri-Nya sendiri, dan mengambil rupa seorang hamba, dan menjadi sama dengan manusia. Dan dalam keadaan sebagai manusia, Ia telah merendahkan diri-Nya dan taat sampai mati, bahkan sampai mati di kayu salib* (Filipi 2:5-8).

Ketaatan Kristus akan membentangkan keindahan dan daya tariknya kepada mereka yang bersedia mengosongkan seluruh ego dan direndahkan serendah-rendahnya di hadapan Tuhan dan manusia. Ketika kita berusaha hidup dalam ketaatan, terkadang akan muncul suatu keinginan untuk bergantung kepada diri sendiri, tetapi pada akhirnya, hal itu hanya akan membawa kita kepada kegagalan. Ketika kita membenamkan diri di hadapan Tuhan dengan kerendahan hati, kelemahlembutan, kesabaran dan penyerahan diri yang penuh untuk melakukan kehendak-Nya; ketika kita mau sujud dalam ketidakberdayaan dan ketergantungan yang mutlak pada-Nya; ketika kita betul-betul berhenti mengandalkan kekuatan diri sendiri; di situlah kita akan menyadari satu hal yang sangat berharga. Ketika itu, Tuhan akan mengungkapkan bahwa satu-satunya kewajiban dan kenikmatan yang kita miliki sebagai ciptaan adalah menantikan Dia, Tuhan kita yang mulia!

KETAATAN KRISTUS

Di dalam Kristus, ketaatan berasal dari iman–ketergantungan yang penuh pada kekuatan Tuhan
Aku tidak dapat berbuat apa-apa dari diri-Ku sendiri (Yohanes 5:30). *Bapa, yang diam di dalam Aku, Dialah yang melakukan pekerjaan-Nya* (Yohanes 14:10). Kristus tidak menahan apa pun bagi diri-Nya sendiri. Ia menyerahkan seluruh diri-Nya untuk melakukan kehendak Bapa. Lalu Bapa merespon ketaatan-Nya itu dengan memberikan Dia kuasa yang tiada batas dan tiada putus. Hal serupa juga bisa terjadi kepada kita. Jika kita mengerti bahwa menyerahkan semua kehendak kita kepada Tuhan adalah syarat untuk menerima kuasa-Nya di dalam kita, kita juga akan mengerti bahwa menyerahkan semua kehendak kita kepada Tuhan tidak lain adalah memercayai bahwa Tuhan sendirilah yang akan mengerjakan semuanya di dalam kita.

Semua janji Tuhan di dalam Perjanjian Baru tercakup di dalam ayat-ayat ini: *TUHAN, Allahmu, akan menyunat hatimu… sehingga engkau akan mengasihi TUHAN, Allahmu, dengan segenap hatimu, dan dengan segenap jiwamu…dan engkau akan mendengarkan kembali suara TUHAN dan melakukan segala perintah-Nya* (Ulangan 30:6,8). *Roh-Ku akan Kuberikan diam di dalam batinmu dan Aku akan membuat kamu hidup menurut segala ketetapan-Ku dan tetap berpegang pada peraturan-peraturan-Ku dan melakukannya* (Yehezkiel 36:27).

Marilah kita melakukan apa yang telah dilakukan Yesus, yaitu percaya bahwa Tuhan sendiri yang akan mengerjakan semuanya di dalam kita. Dengan begitu, kita akan berani menyerahkan diri kita kepada sebuah ketaatan total–ketaatan sampai mati. Penyerahan diri ini adalah pintu masuk menuju pengalaman indah dalam keserupaan dengan Anak Allah– yang melakukan kehendak Bapa-Nya dengan mengandalkan kekuatan Bapa-Nya. Mari kita berikan semua yang kita punya kepada Tuhan. Dia akan bekerja dengan segenap kekuatan-Nya di dalam kita.

SEKOLAH KETAATAN

Tidak tahukah kamu bahwa kamu yang dibuat menjadi orang benar oleh ketaatan Yesus adalah sama seperti Dia? Tidak tahukah kamu bahwa di dalam Dia, kamu adalah hamba ketaatan yang akan membawamu kepada kesalehan? Ketaatan semua orang hanya bisa berakar; hidup; dan dijamin di dalam ketaatan Satu Orang. Dialah Kristus! Percayalah pada-Nya sebagai Satu Orang yang taat itu. Biarlah Kristus ini yang kita terima; kasihi; dan hendak kita tiru. Sama seperti kesalehan Kristus merupakan satu-satunya harapan kita, biarlah ketaatan-Nya juga menjadi satu-satunya hal yang kita dambakan. Marilah kita membuktikan ketulusan dan keyakinan iman kita di dalam Tuhan, dengan menerima Kristus, Satu Orang yang taat itu, ke dalam seluruh aspek kehidupan kita.

Bab 3

Memperoleh Hasrat untuk Taat

Ia telah belajar menjadi taat (Ibrani 5:8).

Rahasia ketaatan sejati adalah hubungan pribadi yang intim dengan Tuhan. Semua upaya kita untuk hidup dalam ketaatan akan selalu gagal sampai kita masuk ke dalam persekutuan yang tak pernah putus dengan Tuhan. Kesadaran akan kehadiran Tuhan yang tiada hentilah yang akan mencegah kita untuk memberontak kepada-Nya.

Ketaatan yang cacat adalah buah dari kehidupan yang cacat. Untuk membangkitkan kehidupan yang cacat itu dengan argumen dan motivasi-motivasi tertentu mungkin memang ada manfaatnya, tetapi yang terpenting adalah kita harus disadarkan bahwa kita memerlukan suatu kehidupan yang lain–sebuah kehidupan yang benar-benar tunduk di bawah kuasa Tuhan. Kehidupan yang demikian akan melahirkan ketaatan dengan sendirinya. Kehidupan yang cacat atau kehidupan yang hubungannya dengan Tuhan sudah rusak dan tidak rutin, haruslah disembuhkan. Sesuatu harus dilakukan supaya kehidupan kita kembali sehat dan utuh, karena hanya lewat kehidupan yang seperti itulah kita bisa memiliki ketaatan yang total kepada Tuhan. Rahasia ketaatan sejati adalah kembali ke hubungan yang intim dan tidak putus-putus dengan Tuhan. *Dia telah belajar untuk taat.* Kenapa Yesus perlu belajar taat? Berkat apa yang diberikan-Nya untuk kita? Dengarkanlah, Dia belajar taat *dari apa yang telah diderita-Nya...dan menjadi pokok keselamatan yang abadi bagi semua orang yang taat kepada-Nya* (Ibrani 5:8-9). Penderitaan adalah suatu hal yang tidak alami bagi kita. Penderitaan itu memanggil kita untuk menyerahkan seluruh kehendak pribadi kita. Kristus menderita, supaya di dalam penderitaan itu Ia bisa belajar taat dan menyerahkan seluruh kehendak-Nya kepada Bapa dengan harga berapa pun. Dia perlu belajar taat supaya, sebagai Imam Besar kita, Ia bisa disempurnakan. Yesus belajar untuk taat, lalu Dia taat sampai mati, supaya Dia bisa menjadi sumber keselamatan kita. Yesus menjadi sumber keselamatan kita lewat ketaatan-Nya, supaya Dia bisa menyelamatkan mereka yang taat kepada-Nya.

Sama seperti Yesus yang harus memperoleh ketaatan, kita juga mutlak memerlukan ketaatan untuk mewarisi keselamatan yang diberikan-Nya. Hakikat utama keselamatan adalah ketaatan kepada Tuhan. Kristus, sebagai Satu Orang yang taat itu, menyelamatkan kita untuk menjadi umat-Nya yang taat. Baik selama masa penderitaan-Nya di bumi atau dalam kemulian-Nya di surga, baik di dalam diri-Nya sendiri maupun di dalam kita, hati Kristus selalu terpaut pada ketaatan.

Selama hidup di bumi, Yesus adalah murid di dalam sekolah ketaatan. Setelah naik ke surga, Ia lalu mengajarkan ketaatan itu kepada murid-murid-Nya yang masih tinggal di bumi. Hingga saat ini dunia masih takluk di bawah kuasa ketidaktaatan dan satu-satunya cara untuk memulihkan ketaatan ke tempatnya semula hanya ada di tangan Kristus. Kristus telah bekerja untuk mempertahankan ketaatan itu, baik di dalam diri-Nya sendiri maupun di dalam kita. Ia mengajarkan dan mengerjakan ketaatan itu di dalam kita.

Sekarang, coba pikirkan apa saja yang pernah diajarkan Yesus dan bagaimana Ia mengajarkannya. Mungkin setelah itu kita akan melihat bahwa sebenarnya kita belum menyerahkan diri dengan total untuk menjadi murid sekolah ketaatan–tempat yang menjadikan ketaatan sebagai satu-satunya materi yang harus dipelajari. Kalau kita memikirkan sekolah biasa, beberapa hal pertama yang akan muncul di pikiran kita adalah (1) guru, (2) buku, dan (3) murid. Mari kita lihat apa sajakah tiga aspek itu di dalam sekolah ketaatan Kristus.

Guru

Dia telah belajar untuk taat, dan sekarang Ia sedang mengajarkan ketaatan itu. Yang terutama dan yang pertama-tama sekali diajarkan oleh Yesus adalah tentang rahasia ketaatan-Nya kepada Bapa. Kuasa dari ketaatan yang sejati hanya bisa ditemukan di dalam hubungan yang intim dengan Tuhan. Demikian juga halnya dengan Tuhan kita, Yesus Kristus. Atas semua pengajaran-Nya, Dia berkata: *Sebab Aku berkata-kata bukan dari diri-Ku sendiri, tetapi Bapa, yang mengutus Aku, Dialah yang memerintahkan Aku untuk mengatakan apa yang harus Aku katakan dan Aku sampaikan* (Yohanes 12:48-49).

Namun, ini tidak berarti bahwa Tuhan memberikan semua perintah itu kepada Yesus ketika Ia masih tinggal di kekekalan. Tidak. Tetapi hari demi hari, setiap saat ketika Yesus mengajar dan bekerja, sebagai seorang manusia, Dia hidup dalam komunikasi yang tiada putusnya dengan Bapa sehingga Ia bisa menerima setiap instruksi yang diperlukan-Nya. Yesus sendiri mengatakan: *Anak tidak dapat mengerjakan sesuatu dari diri-Nya sendiri, jikalau tidak Ia melihat Bapa mengerjakan-Nya... Sebab Bapa mengasihi Anak dan Ia menunjukkan kepada-Nya segala sesuatu yang dikerjakan-Nya sendiri, bahkan Ia akan menunjukkan kepada-Nya pekerjaan-pekerjaan yang lebih besar lagi* (Yohanes 5:19-20). *Aku menghakimi sesuai dengan apa yang Aku dengar* (Yohanes 5:30). *Aku tidak seorang diri, tetapi Aku bersama-sama dengan Dia yang mengutus Aku* (Yohanes 8:16). *Aku di dalam Bapa dan Bapa di dalam Aku. Apa yang Aku katakan kepadamu, tidak aku katakan dari diri-Ku sendiri, tetapi Bapa yang diam di dalam Aku, Dialah yang melakukan pekerjaan-Nya* (Yohanes 14:10). Yesus selalu bergantung pada persekutuan-Nya dengan Bapa setiap saat, sehingga Ia bisa mendengar dan melihat apa yang Tuhan katakan, lakukan dan tunjukkan.

Yesus sering mengatakan bahwa hubungan-Nya dengan Bapa adalah gambaran dan janji akan hubungan kita dengan- -Nya dan juga hubungan kita dengan Bapa, melalui Dia. Bagi kita dan bagi Yesus, kehidupan yang terus berlanjut di dalam ketaatan adalah hal yang mustahil dilakukan tanpa keintiman dan pengajaran yang berlangsung terus-menerus dengan Bapa. Ketika Tuhan datang ke dalam kehidupan kita dalam intensitas yang sering dianggap mustahil oleh banyak orang; ketika kita memercayai dan menerima kehadiran-Nya sebagai pribadi yang kekal dan selalu hadir—sama seperti Yesus menerima dan memercayai-Nya—saat itulah kita mempunyai harapan akan sebuah kehidupan yang *menawan segala pikiran dan menaklukannya kepada Kristus* (2 Korintus 10:5).

Kebutuhan mutlak kita untuk terus-menerus menerima perintah dan instruksi langsung dari Tuhan juga dinyatakan di dalam ayat ini: *Dengarkanlah suara-Ku, maka Aku akan menjadi Allahmu* (Yeremia 7:23). Ungkapan "menaati perintah" sangat jarang digunakan dalam Alkitab. Ungkapan yang hampir selalu digunakan adalah menaati "Aku" atau mendengarkan "suara-Ku." Yang menjamin ketaatan pada perintah seorang panglima tentara, seorang guru atau seorang ayah bukanlah seperangkat undang-undang atau aturan tertulis yang mereka gunakan, tidak peduli seberapa baik dan jelasnya aturan itu beserta dengan ancaman serta hadiah yang diiming-imingkannya. Yang memastikan ketaatan pada perintah tersebut adalah keberadaan orang-orang yang memberi perintah itu sebagai seorang pribadi. Pribadi hidup tersebutlah yang bisa membangkitkan rasa sayang dan antusiasme di dalam diri orang yang akan melakukan perintahnya. Demikian juga, sukacita dan kuasa ketaatan yang sejati hanya bisa kita peroleh dari persekutuan dengan Bapa. Kita hanya bisa mendapat kekuatan untuk menaati firman Tuhan dari mendengarkan suara Bapa. Kitab Suci tanpa suara-Nya yang hidup tidak akan bisa memberi hasil yang kita harapkan.

Hal ini diilustrasikan dengan kontras di dalam kisah bangsa Israel. Mereka mendengar suara Tuhan di Gunung Sinai dan merasa takut. Mereka meminta kepada Musa supaya Tuhan jangan berbicara lagi kepada mereka. Biarlah Musa saja yang menerima firman dari Tuhan lalu menyampaikannya kepada mereka. Bangsa Israel hanya terfokus pada perintah yang diberikan Tuhan. Mereka tidak tahu bahwa satu-satunya kekuatan untuk bisa menaati perintah itu hanya ada di dalam kehadiran Tuhan dan dengan mendengar Dia berbicara langsung kepada mereka. Jadi, karena mereka hanya mendengar perintah Tuhan dari Musa beserta loh batunya, maka tema utama dalam sejarah bangsa Israel ialah ketidaktaatan. Ini adalah akibat dari ketakutan mereka untuk berhubungan langsung dengan Tuhan.

Masalah yang sama masih terjadi hingga saat ini. Banyak sekali orang Kristen yang puas dengan pengajaran dari pemuka agama atau dari orang lain yang yang dianggap rohani saja. Mereka tidak mencari pengajaran langsung dari Tuhan. Oleh karena itu, iman mereka hanya bergantung pada pengetahuan manusia dan bukan pada kuasa Tuhan. Mari kita pahami pelajaran penting yang hendak diajarkan Tuhan kita, Yesus

Kristus–yang telah belajar taat dengan menunggu setiap saat untuk melihat dan mendengar pengajaran langsung dari Bapa. Kita hanya bisa mempersembahkan ketaatan yang diharapkan dan yang akan dikerjakan Tuhan di dalam kita jika kita menjadi sama seperti Yesus–terus berjalan dengan Tuhan dan berusaha mendengar suara-Nya secara langsung.

Lewat kedalaman kehidupan dan pengalaman-Nya sendiri, Kristus tentu sanggup memberikan dan mengajarkan hal ini kepada kita. Berdoalah dengan sungguh-sungguh supaya Tuhan menunjukkan betapa bodohnya jika kita berusaha untuk menaati Tuhan tanpa mencari terlebih dahulu kekuatan, yang bahkan dibutuhkan Kristus. Berdoalah dengan sungguh-sungguh supaya Tuhan membuat Anda bersedia menyerahkan segalanya untuk memperoleh sukacita seperti yang dimiliki Kristus–sukacita yang dimiliki-Nya karena menikmati kehadiran Bapa sepanjang hari.

Buku Teks

Komunikasi langsung Kristus dengan Bapa tidak serta-merta membuat-Nya mengabaikan Kitab Suci. Di dalam sekolah ketaatan Ilahi, hanya ada satu buku teks yang digunakan, baik itu untuk orang-orang dewasa maupun anak-anak kecil. Ketika Yesus belajar untuk taat, Dia juga menggunakan buku yang sama dengan kita. Dia tidak hanya menggunakan Kitab Suci untuk mengajar atau meyakinkan orang lain, tetapi Ia juga membutuhkannya untuk mendapat bimbingan dari Bapa dan untuk menjaga kehidupan spiritual-Nya.

Sejak awal kehidupan publik hingga kematian-Nya, Yesus hidup oleh firman Tuhan. *Ada tertulis* merupakan senjata Roh yang Dia gunakan untuk mengalahkan Setan (Matius 4:4, 7, 10). *Roh Tuhan ada pada-Ku* (Lukas 4:18). Ayat ini merupakan kesadaran yang dimiliki Yesus dalam memulai pemberitaan injil-Nya. *Supaya genaplah yang tertulis dalam Kitab Suci* (Yohanes 19:36) adalah terang yang membuat-Nya menerima semua sengsara dan bahkan menyerahkan diri-Nya untuk mati. Setelah kebangkitan-Nya, Yesus menjelaskan dengan rinci kepada murid-murid-Nya mengenai *apa yang tertulis tentang Dia di dalam seluruh kitab nabi-nabi* (Lukas 24:27). Yesus menemukan rencana Tuhan dan jalan-jalan yang harus Dia tempuh di dalam Kitab Suci, lalu Dia memberikan diri-Nya untuk memenuhi semua rencana itu. Pengajaran yang terus-menerus diterima Yesus dari Bapa berasal dari dalam dan dari penggunaan-Nya akan Kitab Suci. Di dalam sekolah ketaatan Tuhan, Alkitab adalah buku teks satu-satunya. Fakta ini sepantasnya memberitahu bagaimana kita harus mempelajari Alkitab-dengan keinginan sederhana untuk mencari apa yang tertulis tentang kita dan tentang kehendak Tuhan, serta cara melakukannya.

Kitab Suci tidak ditulis untuk sekadar menambah pengetahuan, tetapi untuk membimbing perilaku kita–*supaya tiap-tiap manusia kepunyaan Allah diperlengkapi untuk setiap perbuatan baik* (2 Timotius 3:17). *Barangsiapa mau melakukan kehendak-Nya, ia akan tahu* (Yohanes 7:17). Belajarlah dari Kristus untuk betul-betul merenungkan semua iluminasi tentang kasih dan perintah Tuhan yang selaras dengan tujuan-Nya, yaitu supaya setiap umat Tuhan siap untuk melakukan kehendak-Nya, seperti yang sudah terjadi di surga; dan supaya umat manusia bisa dipulihkan kembali kepada ketaatan yang diharapkan Tuhan dan yang merupakan satu-satunya sumber berkat bagi kita.

Di sekolah ketaatan Tuhan, Kitab Suci adalah buku teks satu-satunya. Dalam proses menerapkan firman Tuhan ke dalam kehidupan-Nya, Yesus perlu mengetahui firman Tuhan yang harus digunakan-Nya dalam situasi tertentu. Untuk itu, Kristus memerlukan pengajaran langsung dari Bapa. Dialah yang berbicara di Kitab Yesaya: *Tuhan ALLAH...setiap pagi Ia mempertajam pendengaranku untuk mendengar seperti seorang murid* (Yesaya 50:4).

Seperti itulah Yesus belajar untuk taat, dan demikian jugalah Dia mengajari kita–dengan memberikan Roh Kudus sebagai Guru yang menafsirkan firman Tuhan kepada kita. Inilah pekerjaan Roh Kudus yang luar biasa di dalam kita, yaitu Dia menekankan firman yang sedang kita baca ke dalam hati kita dan membuatnya menjadi hidup dan berkuasa. Lalu, firman yang hidup itu akan bekerja dengan efektif di dalam kehendak, kasih, dan seluruh keberadaan kita. Akan tetapi, mengapa selama ini firman Tuhan seperti tidak punya kuasa untuk membuat kita taat? Itu karena kita tidak paham akan kebenaran ini.

Saya akan berbicara gamblang tentang hal ini. Kita merasa bersemangat karena semakin banyak orang yang berminat membaca Alkitab dan bersaksi tentang keuntungan yang mereka dapat dari membacanya. Namun, kita tidak boleh menipu diri sendiri! Kita bisa saja merasa bersemangat mempelajari Alkitab; kita bisa saja kagum dan senang dengan pandangan firman Tuhan; pemikiran-pemikiran di dalamnya bahkan mungkin bisa memberi kesan yang mendalam dan membangkitkan emosi-emosi religius di dalam diri kita. Namun, mengapa dampaknya terhadap kekudusan, kerendahan hati, kesabaran, serta kesiapan untuk melayani dan menderita justru sangat kecil kita rasakan? Penyebabnya adalah karena kita tidak benar-benar menerima firman Tuhan sebagaimana kita harus menerimanya–sebagai firman dari Tuhan yang hidup. Jika kita ingin merasakan kuasa Ilahi-Nya, firman itu harus berbicara langsung kepada kita.

Sebanyak apa pun juga kita mempelajari dan menyukai huruf-huruf yang tertulis di Kitab Suci, mereka tidak mempunyai kekuatan untuk menyelamatkan dan menguduskan kita. Kebijaksanaan dan tekad manusia, sekuat apa pun, tidak akan mampu memberikan dan membangkitkan kuasa firman Tuhan. Roh Kudus adalah kekuatan Allah yang perkasa. Anda hanya akan memperoleh kekuatan untuk menaati setiap perintah di dalam Kitab Suci jika Roh Kudus mengajari Anda secara langsung atau hanya jika Anda mendengar Injil lewat seseorang maupun buku dengan penyertaan *Roh Kudus yang diutus dari surga* (1 Petrus 1:12).

Bagi manusia, mengetahui dan berniat, mengetahui dan melakukan, serta bahkan berniat dan melakukan seringkali merupakan hal yang terpisah-pisah dan bahkan saling bertentangan satu sama lain karena ketiadaan kekuatan di dalam kita. Namun, tidak demikian halnya dengan Roh Kudus. Dia adalah terang sekaligus kekuatan Allah. Di dalam diri-Nya, di dalam semua yang Dia lakukan dan di dalam semua yang Dia berikan, terkandung kebenaran dan kekuatan Allah. Ketika Dia menunjukkan kehendak Tuhan, Dia selalu menunjukkannya sebagai suatu hal yang mungkin dan pasti bisa dilakukan. Sebuah kehidupan dan karunia yang Ilahi sudah dipersiapkan untukmu. Dia yang sudah memberikan iluminasi ini juga sanggup untuk menanamkan kehidupan dan karunia Ilahi itu ke dalammu.

Murid-murid Alkitab yang terkasih! Belajarlah untuk percaya bahwa Tuhan bisa mengajarimu untuk taat seperti Kristus, hanya jika Dia sendirilah–lewat Roh Kudus–yang mengajarimu untuk memahami dan membawa firman Tuhan masuk ke dalam batinmu. Setiap kali Anda membuka Alkitab, percayalah bahwa, sama pastinya dengan Anda bisa mendengar firman Ilahi yang diinspirasikan Roh Kudus itu, demikian juga halnya Tuhan akan memberikan Roh Kudus-Nya untuk bekerja di dalam hatimu. Ini adalah jawaban atas doa yang penuh iman dan penantian yang penuh ketaatan.

Pelajarilah Alkitab dengan iman. Jangan hanya mencoba untuk percaya pada kebenaran-kebenaran atau janji-janji yang

Anda baca. Anda bisa saja melakukannya dengan kekuatan diri sendiri. Namun, pertama-tama, percayalah pada Roh Kudus, percayalah bahwa Dia ada di dalammu, dan percayalah bahwa Dia sedang mengerjakan pekerjaan Tuhan di dalammu. Masukkanlah firman Tuhan ke dalam hatimu dengan iman bahwa Dia akan memampukanmu untuk mengasihi firman itu, bergantung kepadanya dan melakukannya. Dengan demikian, Tuhan kita, Yesus Kristus akan menjadikan Kitab Suci itu bagimu sama seperti Kitab Suci itu bagi-Nya ketika Ia mengatakan: *Semua...yang ada tertulis.. tentang Aku* (Lukas 24:44). Semua firman Tuhan akan jadi sebuah iluminasi sederhana atas apa yang akan dilakukan Tuhan untukmu, di dalammu, dan lewat kehidupanmu.

Murid

Kita telah melihat cara Tuhan mengajarkan ketaatan kepada kita dengan menyingkapkan rahasia-Nya dalam mempelajari ketaatan, yaitu ketergantungan yang tiada putusnya dengan Bapa. Kita telah melihat cara Tuhan mengajarkan kita untuk menggunakan Kitab Suci sebagaimana Dia menggunakannya dulu, yaitu sebagai sebuah iluminasi Ilahi atas apa yang telah ditetapkan Tuhan untuk kita, dengan Roh Kudus yang akan menjelaskan dan melaksanakannya. Jika kita memahami bahwa orang percaya adalah murid di dalam sekolah ketaatan, kita akan memiliki pemahaman yang lebih baik tentang apa yang disyaratkan Kristus supaya Ia dapat bekerja dengan efektif di dalam kita.

Ada beberapa sikap yang biasanya ditunjukkan seorang murid yang baik jika ia merasa bahwa gurunya dapat dipercaya. Pertama, dia tunduk penuh kepada semua bimbingan gurunya. Kedua, dia memercayai gurunya dengan sempurna. Ketiga, dia menghabiskan waktu dan memberikan perhatian sebanyak yang diminta gurunya. Ketika kita paham dan setuju bahwa Yesus layak menerima semua itu, maka kita patut berharap betapa luar biasanya Ia akan mengajarkan ketaaatan yang sama seperti ketaatan-Nya kepada kita.

Murid-murid sejati dari beberapa pemusik dan pelukis hebat menaati guru mereka dengan sepenuh hati dan tanpa keraguan. Dalam berlatih tangga nada atau mencampurkan warna-warna, dalam mempelajari elemen-elemen seninya dengan perlahan dan sabar, dia tahu bahwa dia sudah berlaku bijaksana hanya dengan menaati gurunya. Demikian pula, Tuhan Yesus meminta kita untuk menyerahkan diri dengan sepenuh hati kepada bimbingan-Nya dan tunduk secara mutlak kepada otoritas-Nya. Mari kita datang kepada Yesus dan meminta-Nya untuk mengajari kita akan seni yang hilang dari menaati Tuhan, seperti yang telah dilakukan-Nya. Lalu, Dia akan bertanya apakah kita siap untuk membayar harganya, yaitu penyangkalan diri yang penuh dan total. Kuncinya adalah menyerahkan seluruh kehendak dan kehidupan kita. Kuncinya adalah kesiapan untuk melakukan apa pun yang diperintahkan-Nya.

Satu-satunya cara untuk mempelajari sesuatu adalah dengan melakukannya. Satu-satunya cara untuk mempelajari ketaatan dari Kristus adalah dengan menyerahkan kehendak kita kepada-Nya dan menjadikan kehendak-Nya sebagai satu--satunya hasrat dan kesenangan hati kita. Sebelum Anda berikrar untuk menaati Kristus dengan mutlak di dalam sekolah ketaatan ini, Anda tidak akan pernah mengalami kemajuan apa pun. Murid dari seorang ahli akan merasa gampang saja menaati gurunya dengan sepenuh hati, hanya karena ia percaya pada kemampuan gurunya. Dengan senangnya ia akan mengorbankan kepandaian dan rencananya sendiri supaya bisa dibimbing oleh kepandaian dan rencana gurunya yang lebih tinggi.

Seperti itulah kita perlu memercayai Yesus. Dia memiliki

ketaatan yang sempurna dan Ia juga bisa mengajarkannya dengan baik. Ketaatan-Nya bukan hanya perbendaharaan yang membayar lunas ketidaktaatan kita di masa lalu, tetapi juga perbendaharaan yang menyediakan bantuan untuk ketaatan kita di masa sekarang. Dalam kasih Ilahi dan belas kasihan--Nya yang manusiawi, serta dalam kuasa Ilahi-Nya atas hati dan kehidupan kita; Yesus mengundang kita untuk memercayainya. Ia memang layak untuk dipercayai dan pada akhirnya, Ia akan memenangkan rasa percaya kita. Yesus membangkitkan iman dan menyatakan rahasia keberhasilan di dalam sekolah-Nya kepada kita lewat kuasa yang terdapat di dalam penyembahan dan kasih kita kepada-Nya; di dalam kasih-Nya yang Ilahi; serta di dalam kasih yang dicurahkan dan dibangkitkan oleh Roh Kudus di dalam kita.

Seperti kita memercayai Yesus sebagai Juru Selamat yang menebus ketidaktaatan kita, marilah juga kita memercayai Dia sebagai Guru yang akan memimpin kita keluar dari ketidaktaatan itu. Kristus adalah Nabi dan Guru kita. Hati orang yang percaya dengan antusias pada kuasa dan keberhasilan Yesus sebagai seorang Guru, akan mengalami bahwa ketaatan itu adalah suatu hal yang mungkin dan bisa dilakukan dengan mudah. Rahasia ketaatan yang sejati adalah mengalami kehadiran Kristus sepanjang hari. Seorang murid harus datang dan memperhatikan gurunya sebanyak yang diminta sang guru. Guru adalah pihak yang menentukan seberapa banyak waktu yang diperlukan dalam pertemuan dengan muridnya.

Ketaatan pada Tuhan ialah sebuah seni surgawi, dan kodrat kita sebagai manusia sama sekali tidak memahaminya. Bahkan perjalanan Yesus sendiri dalam mempelajari ketaatan itu terjadi dengan sangat perlahan dan lama, jadi kita tidak perlu bertanya--tanya alasan kita tidak dapat langsung menguasainya dalam sekali waktu. Jangan pula kita bertanya-tanya perihal kita harus menghabiskan lebih banyak waktu–dari yang kebanyakan orang mau berikan–untuk berdoa, merenung, dan menantikan Tuhan di dalam kebergantungan kepada-Nya. Namun, marilah kita berikan semua itu kepada Yesus.

Di dalam Yesus Kristus, ketaatan surgawi telah menjadi manusiawi kembali. Kini ketaatan itu juga telah menjadi hak lahir dan nafas kehidupan kita. Marilah kita berpegang teguh kepada Yesus. Mari kita percayai dan terima hak kita untuk tetap tinggal di dalam kehadiran-Nya. Dengan Yesus Kristus, Juru Selamat yang telah belajar untuk taat dan Guru yang telah mengajari kita untuk taat, kita pasti bisa menghidupi sebuah kehidupan yang taat. Ketaatan-Nya adalah keselamatan kita. Di dalam Dia, Mesias yang hidup, kita menemukan ketaatan dan turut ambil bagian di dalamnya detik demi detik.

Mari kita memohon kepada Tuhan supaya Ia menunjukkan kepada kita bahwa Kristus dan ketaatan-Nya harus menjadi kehidupan kita, detik demi detik, dan supaya Ia membuat kita menjadi murid-murid yang menyerahkan seluruh hati dan waktu kita kepada-Nya. Tuhan akan mengajari kita untuk melakukan perintah-Nya dan tetap tinggal di dalam kasih--Nya, sama seperti Yesus yang melakukan perintah Bapa dan tetap tinggal di dalam kasih-Nya.

Bab 4

Persiapan untuk Taat

Jikalau roti sulung adalah kudus, maka seluruh adonan juga kudus dan jikalau akar adalah kudus, maka cabang-cabang juga kudus (Roma 11:16).

Sungguh luar biasa dan baik bahwa Tuhan menetapkan hari pertama dalam suatu minggu sebagai hari istirahat. Tujuannya bukan seperti yang dipikirkan banyak orang, supaya setidaknya kita punya satu hari untuk beristirahat dan menyegarkan diri di tengah-tengah letihnya kehidupan. Hari pertama itu ditunjuk sebagai hari beristirahat supaya ia menguduskan seluruh hari di dalam minggu itu. Hari pertama itu juga berfungsi untuk membantu dan mempersiapkan kita membawa kehadiran Tuhan ke dalam setiap pekerjaan yang akan kita lakukan setiap hari dalam sepanjang minggu itu. Jika bagian pertama adonan itu kudus, sisa adonan yang lain juga kudus; jika akarnya kudus, semua cabangnya juga kudus.

Sungguh penuh karunia, juga, perumpamaan dan teladan-teladan yang diberikan di dalam Perjanjian Lama, bahwa doa di pagi hari akan memampukan kita menerima berkat untuk sepanjang hari itu, dan juga memberi kita jaminan kuasa untuk menang dari godaan. Betapa luar biasanya bahwa di dalam doa pagi, ikatan kita dengan Tuhan bisa terjalin dengan begitu eratnya. Jadi, ketika kita hanya memiliki sedikit waktu untuk memikirkan Tuhan karena harus berurusan dengan orang lain atau dengan pekerjaan-pekerjaan kita, keamanan dan kemurnian jiwa kita bisa tetap terjaga berkat doa pagi itu. Sungguh mengagumkan bahwa kita dapat menyerahkan jiwa kita sedemikian rupa kepada pemeliharaan Tuhan dalam waktu pribadi dengan-Nya, sehingga godaan justru akan mendekatkan ikatan kita dengan-Nya. Betapa kita harus bersyukur dan bersukacita bahwa doa pagi bisa begitu menyegarkan dan menguatkan penyerahan diri dan iman kita di dalam Yesus setiap hari. Dengan demikian, kehidupan yang taat tidak hanya akan dipertahankan kesegarannya, melainkan dapat berlanjut dari kekuatan kepada kekuatan. *Mereka berjalan makin lama makin kuat, hendak menghadap Allah di Sion* (Mazmur 84:7).

Dengan sangat senang, saya akan menunjukkan betapa dekatnya dan betapa pentingnya kaitan antara ketaatan dan doa pagi. Hasrat untuk menaati Tuhan sepenuhnya akan memberikan makna dan nilai yang baru bagi doa pagi kita. Bahkan doa pagi itu sendiri pun dapat memberi kekuatan dan semangat yang kita butuhkan untuk mendambakan suatu kehidupan yang sepenuhnya taat kepada Tuhan.

Motivasi

Coba pikirkan apa dasar motivasi yang bisa membuat kita mencintai doa pagi dan setia melakukannya. Jika kita sekadar menganggapnya sebagai sebuah kewajiban dan bagian yang diperlukan dalam kehidupan agamawi kita, maka doa pagi akan segera menjadi beban. Jika motivasi utama kita melakukannya adalah untuk mencari kebahagiaan dan keamanan diri sendiri, maka itu pun bukan alasan yang kuat untuk membuat doa pagi menjadi benar-benar menarik. Hanya ada satu alasan atau motivasi yang akan membuat kita mencintai doa pagi dan setia melakukannya: keinginan untuk bersekutu dengan Tuhan.

Tuhan menciptakan kita dalam gambar dan rupa-Nya sendiri supaya kita bisa bersekutu dengan-Nya. Persekutuan itu jugalah yang kita harapkan di dalam kekekalan. Hanya persekutuan inilah yang yang bisa mempersiapkan kita untuk sebuah kehidupan yang sejati dan diberkati, baik di bumi ini maupun di kehidupan yang akan datang. Tuhan mengundang kita untuk masuk ke kamar doa kita masing-masing supaya kita bisa mengenal-Nya lebih baik; supaya kita bisa menerima pengajaran langsung mengenai kasih dan kuasa-Nya; dan supaya kehidupan kita dipenuhi dengan kehidupan-Nya.

Kehidupan rohani kita akan diuji sekaligus dikuatkan dalam waktu-waktu pribadi yang kita habiskan dengan Tuhan di dalam doa pagi. Saat itulah kita menghadapi sebuah medan pertempuran, ketika kita harus memutuskan apakah kita akan memberikan semuanya kepada Tuhan dan apakah kita akan menaati-Nya dengan total. Jika kita memenangkan pertempurannya, yaitu dengan menyerahkan kehidupan kita ke dalam tangan Tuhan yang Maha Kuasa, maka kemenangan di siang hari sudah pasti kita dapatkan. Kamar doa akan membuktikan apakah kita benar-benar bersukacita di dalam Tuhan dan apakah kita benar-benar ingin mengasihi Dia dengan sepenuh hati.

Inilah pelajaran pertama di dalam bab ini: kehadiran Tuhan adalah hal terpenting di dalam doa yang kita lakukan. Hal-hal yang akan kita alami di dalam doa pagi adalah berjumpa dengan Tuhan; menyerahkan diri kita untuk melakukan kehendak-Nya; mengetahui bahwa Dia berkenan atas kita; menunggu-Nya memberikan perintah; menunggu-Nya meletakkan tangan-Nya di atas kita dan berkata, *pergilah dengan kekuatanmu ini* (Hakim-Hakim 6:14). Jika kita sudah mengerti bahwa hal-hal itulah yang akan kita alami di dalam doa pagi, hari demi hari, kita akan mulai belajar untuk mendambakan dan bersukacita dalam melakukannya.

Membaca Alkitab

Selanjutnya kita akan berbicara mengenai pembacaan Alkitab sebagai bagian dari doa pagi. Ada beberapa hal yang ingin saya katakan mengenai hal ini. Jika kita tidak berhati-hati, firman Tuhan yang harusnya membawa kita kepada Tuhan, justru bisa mengintervensi dan menyembunyikan Tuhan dari kita. Mungkin saja pikiran kita asyik, tertarik dan senang pada apa yang kita baca di Alkitab, tetapi jika itu hanya sekadar pengetahuan di kepala, maka hanya sedikit manfaat yang akan kita terima. Jika pembacaan Alkitab tidak memimpin kita untuk menunggu, memuliakan, serta menerima pertolongan dan kuasa Tuhan untuk memurnikan dan menyucikan kehidupan kita, maka pembacaan Alkitab itu telah menjadi penghalang, bukannya penolong bagi kita. Pelajaran lain–yang tidak bisa diulangi terlalu sering atau terlalu didesak–ialah bahwa hanya lewat pengajaran Roh Kuduslah kita bisa memahami apa yang sebenarnya dimaksudkan Tuhan di dalam firman-Nya. Dan hanya Roh Kudus sajalah yang bisa membuat firman itu masuk dan bekerja di dalam batin kita.

Bapa kita yang ada di surga, yang memberikan firman-Nya dari surga, dengan misteri dan pesan Ilahinya, telah memberikan kita Roh Kudus-Nya untuk menjelaskan dan menekankan firman itu ke dalam hati kita. Bapa ingin agar kita selalu meminta-Nya untuk mengajari kita lewat Roh Kudus. Dia ingin supaya kita sujud dalam pola pikir yang lembut dan mau diajar, serta percaya bahwa Roh Kudus akan membuat firman Tuhan itu hidup dan bekerja di kedalaman hati kita yang tersembunyi. Tuhan menghendaki supaya kita mengingat bahwa Roh Kudus diberikan supaya kita dipimpin oleh-Nya; supaya kita berjalan mengikuti-Nya; dan supaya kita memberikan seluruh kehidupan kita untuk tunduk di bawah pemerintahan-Nya. Oleh karena itu, Tuhan tidak akan bisa mengajari kita di pagi hari jika kita tidak benar-benar membiarkan diri kita dipimpin oleh Roh Kudus. Namun, jika kita melakukannya dan menunggu Tuhan dengan sabar, bukan hanya untuk mendapatkan pengetahuan baru, tetapi untuk menerima kuasa firman Tuhan di dalam hati kita, maka kita akan menerima pengajaran dari Tuhan. Biarlah kamar doamu–tempat rahasiamu dengan Tuhan–menjadi sebuah ruang kelas. Biarlah doa pagi menjadi waktu belajar yang membuktikan ketergantungan dan ketundukanmu kepada pengajaran Roh Kudus.

Nasihat ketiga yang ingin saya berikan untuk mengonfirmasi apa yang sudah dikatakan di atas adalah: selalu pelajari firman Tuhan dengan roh yang siap untuk menaatinya secara total. Anda tentunya tahu betapa sering Kristus dan rasul-rasul, dalam surat-surat mereka, berbicara soal mendengar tetapi tidak melakukan. Jika Anda membiasakan diri untuk mempelajari firman Tuhan tanpa tujuan yang jelas dan bersungguh-sungguh untuk taat, maka hatimu akan semakin dikeraskan dalam ketidaktaatan.

Jangan pernah baca kehendak Tuhan yang terkait denganmu tanpa benar-benar memutuskan untuk langsung menaatinya dan tanpa meminta karunia dari Tuhan untuk membantumu melakukannya. Tuhan telah memberikan firman-Nya kepada kita untuk memberitahu apa yang harus kita lakukan dan karunia apa saja yang sudah disediakan-Nya untuk memampukan kita melakukannya. Kita sering menganggap bahwa membaca Alkitab tanpa niat yang jelas untuk menaatinya merupakan suatu perbuatan yang saleh. Betapa menyedihkan! Semoga Tuhan menghindarkan kita dari dosa ini. Mari kita biasakan diri untuk berkata kepada Tuhan, "Tuhan, apa pun yang kuketahui tentang kehendak-Mu, aku akan langsung menaati-Nya." Bacalah firman Tuhan dengan hati yang siap untuk menaatinya.

Satu nasihat lagi. Saya sudah menuliskankan perintah-perintah yang mudah dipahami dan yang sebenarnya sudah kita ketahui. Namun, ingatlah bahwa sebenarnya masih ada banyak lagi perintah-perintah yang mungkin belum Anda ketahui, atau perintah lain yang penerapannya sangat luas dan terus bertambah sehingga Anda belum pernah mengetahuinya. Bacalah firman Tuhan dengan keinginan yang kuat untuk mengetahui semua kehendak-Nya.

Jika ada hal-hal yang terlihat sulit atau perintah yang kelihatannya terlalu tinggi sehingga Anda membutuhkan bimbingan Tuhan untuk memberitahu bagaimana cara melakukannya–memang ada banyak yang seperti ini–biarlah semua itu mendorongmu untuk mencari dan menantikan pengajaran dari Tuhan. Firman yang paling memberkati bukanlah firman yang paling sederhana atau yang paling membangkitkan semangat, tetapi firman yang paling memberkati adalah firman yang–baik itu sederhana atau rumit–mendekatkan kita kepada Tuhan. Tuhan ingin agar Anda *dipenuhi dengan segala pengetahuan akan kehendak-Nya dalam segala hikmat dan pengertian rohani* (Kolose 1:9).

Pekerjaan luar biasa ini harus terjadi di dalam kamar-kamar doa. Dan ingatlah, Anda akan merasa yakin bahwa Tuhan akan memberikan kekuatan untuk melakukan kehendak-Nya hanya ketika Anda menyadari bahwa Tuhan sedang memerintahkanmu untuk melakukannya. Ketika kita bersedia untuk mengetahui semua kehendak Tuhan, Ia akan menyatakannya lebih lagi kepada kita dari waktu ke waktu, dan hanya ketika itulah kita bisa melakukan semua kehendak-Nya.

Betapa besarnya kuasa doa pagi di dalam kehidupan mereka yang benar-benar bertekad untuk berjumpa dengan Tuhan.

Di situlah kita bisa memperbarui komitmen ketaatan kita; di situlah kita bisa menantikan Roh Kudus dengan rendah hati dan sabar untuk mengajari kita akan semua kehendak Tuhan; dan di situlah kita mendapat jaminan bahwa semua janji yang diberikan kepada kita di dalam firman-Nya pasti akan digenapi! Mereka yang berdoa dengan cara seperti ini untuk dirinya sendiri akan menjadi pendoa sejati bagi orang lain.

Doa

Di dalam terang pemikiran-pemikiran ini, sekarang saya akan mengatakan beberapa hal tentang peranan doa di dalam ibadah pagi. Pertama-tama, pastikan Anda sudah mengamankan kehadiran Tuhan. Jangan puas dengan apa pun yang lebih rendah dari keyakinan bahwa Tuhan sedang menatapmu, mendengarkanmu, dan bekerja di dalam dirimu.

Jika kita menginginkan kehidupan sehari-hari yang penuh dengan kehadiran Tuhan, maka kita harus mengalaminya terlebih dahulu di dalam doa pagi. Ketika itulah kehidupan kita sepanjang hari itu dapat dimateraikan oleh Tuhan. Di dalam kehidupan Kristiani, tidak ada yang lebih kita perlukan daripada Tuhan–kasih-Nya, kehendak-Nya, kekudusan-Nya, Roh-Nya–yang hidup di dalam kita, dan kuasa-Nya yang bekerja di dalam kita. Di kolong langit ini, tidak ada cara lain untuk memperolehnya selain lewat persekutuan yang intim dengan Tuhan. Tidak ada waktu yang lebih baik untuk mengamankan dan melatih persekutuan intim dengan Tuhan itu selain di dalam doa pagi–pada jam-jam awal pagi hari.

Penyebab dari dangkalnya serta lemahnya kehidupan dan pekerjaan-pekerjaan Kristiani kita adalah sedikitnya kontak langsung yang kita alami dengan Tuhan. Jika memang benar bahwa hanya Tuhanlah sumber segala kasih, kebaikan dan sukacita, serta jika memang mengalami persekutuan sebanyak mungkin dengan-Nya, melakukan kehendak-Nya dan melayani Dia merupakan kebahagiaan sejati kita, maka berjumpa dengan Dia di pagi hari seharusnya menjadi hal pertama yang kita pedulikan. Rahasia ketaatan dan kekuatan semua orang-orang kudus di Perjanjian Lama ialah bahwa Tuhan mendatangi dan berbicara kepada mereka secara langsung. Berikanlah waktu khusus bagi Tuhan untuk menyatakan diri-Nya kepadamu, supaya jiwamu bisa menyebut tempat itu sebagai Peniel. *Yakub menamai tempat itu Peniel, sebab katanya: "Aku telah melihat Allah berhadapan muka, tetapi nyawaku tertolong!"* (Kejadian 32:30). Biarlah pembaharuan ikrar ketaatanmu kepada Tuhan menjadi bagian penting di dalam ibadah pagimu.

Akui semua dosamu dengan spesifik. Congkel dan potong semua hal yang mendukakan hati Tuhan. Mintalah juga pertolongan untuk berjalan di dalam kekudusan dengan spesifik. Minta dan terimalah dengan iman, bantuan dan kekuatan yang sedang Anda butuhkan. Pandanglah hari ini dengan ketetapan hati yang teguh bahwa ketaatan kepada Tuhan akan jadi prinsip yang memerintahnya.

Pahamilah bahwa tidak ada cara yang lebih pasti dan tidak ada kemungkinan lain untuk mengalami kasih dan berkat Tuhan di dalam doa selain dengan melakukan kehendak-Nya. Di dalam doa-doamu, serahkanlah seluruh dirimu untuk melakukan kehendak Tuhan yang mulia. Doa yang seperti ini akan mengerjakan lebih banyak daripada hanya sekadar meminta sesuatu kepada Tuhan. Mintalah supaya Tuhan memberikanmu karunia yang agung ini, yaitu supaya Ia memperkenankan dan memampukanmu untuk berpartisipasi dalam melakukan kehendak-Nya dan tetap tinggal di sana. Mintalah supaya mengetahui dan melakukan kehendak Tuhan menjadi suatu hal yang pasti di dalam kehidupanmu. Serahkanlah dirimu sebagai kurban bakaran di altar Tuhan sehingga doa-doamu akan benar-benar menjadi kurban pagi bagi Tuhan. Kadar ketaatanmu kepada Tuhan adalah kadar keyakinanmu kepada-Nya.

Ingatlah bahwa doa dan persekutuan yang benar dengan Tuhan tidak hanya bersifat satu arah. Kita perlu diam, menunggu dan mendengar respon yang diberikan Tuhan. Peran Roh Kudus adalah untuk menjadi suara Tuhan bagi kita. Di kedalaman hati kita yang tersembunyi, Roh Kudus bisa memberikan sebuah jaminan bahwa Tuhan telah mendengar kita, bahwa kita telah menyenangkan hati-Nya, dan bahwa Bapa sedang mengerjakan apa yang kita minta kepada-Nya. Supaya bisa mendengar suara Tuhan dan menerima jaminan ini, yang kita perlukan adalah kesabaran dalam menunggu-Nya, iman yang memercayai-Nya, hati yang sujud dalam kemiskinan dan kerendahan hati di hadapan-Nya, serta menjadikan Tuhan segalanya bagi kita.

Ketika–di dalam doa–kita menunggu Tuhan untuk melakukan bagian-Nya, kita akan memperoleh keyakinan bahwa hal yang kita minta telah diberikan oleh-Nya; bahwa kurban ketaatan yang kita berikan telah diterima; bahwa kita bisa mengandalkan Roh Kudus untuk membimbing kita kepada semua kehendak Tuhan, persis seperti apa yang dimaksudkan-Nya untuk kita ketahui dan lakukan.

Betapa besarnya kemuliaan yang akan kita terima di dalam doa pagi dan lewat doa pagi bagi kehidupan sehari-hari kita, jika di situ kita bersekutu dengan Allah Tritunggal dan membiarkan Bapa, lewat Putra dan Roh-Nya, menguasai kesadaran kita sepanjang hari itu. Jadi, sebenarnya kita tidak perlu mendesak dan membujuk anak-anak Tuhan untuk melakukan doa pagi.

Sekarang kita tiba pada nasihat yang terakhir dan yang terbaik di antara semuanya. Biarlah doamu menjadi sebuah syafaat. Berdoalah bagi orang lain. Hakikat inti dalam ketaatan Tuhan Yesus, sama seperti dalam semua persekutuan-Nya dengan Bapa, ialah bahwa semua itu dilakukan-Nya demi orang lain. Roh Kristus mengalir di dalam semua anggota tubuh-Nya. Semakin kita memahami dan berpaut kepada kebenaran itu, kehidupan kita juga akan semakin sesuai dengan kehendak Tuhan.

Ekspresi doa yang paling tinggi adalah syafaat. Tujuan utama Tuhan memilih Abraham, Israel, dan kita adalah untuk membuat kita menjadi berkat bagi dunia ini. Kita adalah imamat yang rajani–sebuah umat yang terdiri dari imam-imam. *Tetapi kamulah bangsa yang terpilih, imamat yang rajani, bangsa yang kudus, umat kepunyaan Allah sendiri, supaya kamu memberitakan perbuatan-perbuatan yang besar dari Dia, yang telah memanggil kamu keluar dari kegelapan kepada terang-Nya yang ajaib* (1 Petrus 2:9). Selama kita hanya menjadikan doa sebagai alat untuk mencapai kebahagian dan kemajuan diri kita sendiri, maka kita tidak akan bisa memahami kekuatan penuhnya. Biarlah doa syafaat menjadi sebuah kerinduan nyata atas jiwa orang-orang yang ada di sekitar kita; menjadi sebuah pemikulan yang sungguh-sungguh atas dosa dan kebutuhan mereka; menjadi sebuah permohonan yang sungguh-sungguh agar kerajaan Tuhan diperluas. Bekerjalah dengan sungguh-sungguh di dalam doa untuk mendapatkan jawaban yang nyata. Dedikasikanlah doa pagimu untuk berdoa syafaat seperti ini, dan Anda akan melihat daya tarik baru yang dimilikinya.

Syafaat! Oh, jika saja kita menyadari maknanya: menghadap Bapa dengan membawa nama Kristus, kesalehan-Nya, dan kemuliaan-Nya! *Jadi kami ini adalah utusan-utusan Kristus, seakan-akan Allah menasihati kamu dengan perantaraan kami; dalam nama Kristus kami meminta kepadamu: berilah dirimu didamaikan dengan Allah* (2 Korintus 5:20). Sungguh sebuah kehormatan, ketika Kristus sudah tidak tinggal di dunia ini lagi, kita bisa jadi pengantara yang mendoakan orang lain dan kebutuhan mereka secara spesifik!

Dengan iman bahwa Tuhan telah menerima kita dan dengan pengurapan Roh Kudus yang memperlengkapi kita untuk pekerjaan ini, sungguh menakjubkan bahwa doa kita dapat bekerja untuk menyelamatkan jiwa orang lain dari kematian (Yakobus 5:20) dan menurunkan atau menahan berkat dari surga! Renungkanlah bahwa pekerjaan ini bisa terus diperbarui dan dilanjutkan hari demi hari di dalam doa pagi. Setiap kamar doa yang kita pakai untuk bersekutu secara pribadi dengan Tuhan berfungsi untuk mempertahankan komunikasi dengan surga dan menurunkan berkat yang menyertai komunikasi itu.

Tingkat kesalehan yang paling murni dan karakter Kristus yang paling sejati sebenarnya justru bertumbuh lewat doa syafaat, bukan lewat semangat yang berjuang keras dengan kekuatannya sendiri dan disertai sedikit doa. Di dalam doa syafaatlah orang-orang percaya bangkit kepada kebangsawanannya yang sejati–untuk mengimpartasikan kehidupan dan berkat kepada orang lain. Di dalam doa syafaatlah kita harus mencari kuasa Tuhan yang lebih besar lagi bagi Gereja dan bagi pekerjaannya di tengah-tengah umat manusia.

Kembalilah ke pelajaran sebelumnya dan pikirkan lagi tentang hubungan yang sangat vital antara ketaatan dan doa pagi. Tanpa ketaatan, kita tidak akan memiliki kuasa spiritual untuk mengenal Tuhan dan mengetahui kehendak-Nya. Tanpa ketaatan, kita tidak akan memiliki keyakinan, keberanian atau kebebasan untuk menyadari bahwa doa kita telah didengar oleh Tuhan. Ketaatan adalah persekutuan dengan Tuhan di dalam kehendak-Nya. Tanpa ketaatan dan persekutuan itu, kita tidak akan dapat memahami, mengklaim dan menggenggam berkat yang sudah disediakan-Nya untuk kita.

Tanpa persekutuan dengan Tuhan di pagi hari, kehidupan yang taat tidak mungkin bisa dipertahankan. Di dalam doa itulah kita bisa memperbarui ikrar ketaatan kita dengan kuasa, dan sekaligus mendapatkan peneguhan dari Tuhan. Di situ jugalah kehadiran Tuhan dan persekutuan kita dengan-Nya dapat dijamin, sehingga ketaatan menjadi mungkin untuk dilakukan. Di dalam ketaatan Kristus dan di dalam kesatuan kita dengan-Nyalah kita menerima kekuatan untuk melakukan segala sesuatu yang diperintahkan Tuhan kepada kita. Dan di dalam ketaatan Kristus itu jugalah kita mengetahui kehendak Tuhan yang akan memimpin kita untuk menjalani kehidupan yang layak bagi-Nya dan yang menyenangkan hati-Nya.

Tuhan telah memanggil anak-anak-Nya kepada sebuah kehidupan yang menakjubkan, surgawi, dan supernatural. Biarlah doa pagi Anda menjadi sebuah gerbang surgawi yang memancarkan cahaya dan mengalirkan kuasa Tuhan ke dalam hatimu yang sedang menantikan-Nya. Dan dari gerbang itu pula Anda akan keluar dan berjalan dengan Tuhan sepanjang hari.

Bab 5

Berniat untuk Taat

Ia telah merendahkan diri-Nya dan taat sampai mati (Filipi 2:8).

Setelah semua pembahasan kita mengenai kehidupan di dalam ketaatan, sekarang saya ingin memberitahu Anda cara memasuki kehidupan itu. Mungkin Anda akan berpikir bahwa mengutip Filipi 2:8 sekarang adalah sebuah kesalahan, karena di dalam ayat itu Anda melihat ketaatan dalam tingkatannya yang paling tinggi, sementara kita baru saja tiba di pintu masuknya. Namun, tidak, hal ini bukan kesalahan. Rahasia sukses dalam sebuah pertandingan adalah memiliki tujuan yang didefinisikan dengan jelas sejak awal.

Dia...taat sampai mati. Tidak ada Juru Selamat yang lain bagi kita, tidak ada bentuk ketaatan lain yang menyenangkan hati Tuhan, tidak ada teladan lain untuk kita ikuti, tidak ada guru lain yang mengajari kita untuk taat. Banyak orang Kristen yang kehidupannya sangat menderita–hingga tak terkatakan–karena ketaatan sampai mati bukan satu-satunya jenis ketaatan yang ingin mereka gapai. Seorang Kristen yang paling muda sekalipun akan menemukan kekuatan jika sejak semula ia berdoa dan membuat ikrar untuk taat sampai mati. Ini adalah keindahan sekaligus kemuliaan Kristus. Berkat paling tinggi yang hendak diberikan-Nya kepada kita adalah memperbolehkan kita untuk ikut memiliki ketaatan-Nya. Menginginkan ketaatan itu dan menyerahkan diri kita kepadanya adalah suatu hal yang mungkin dilakukan, bahkan bagi orang percaya yang paling muda sekalipun.

Jika Anda ingin mengingat arti ketaatan sampai mati, renungkanlah cerita tua ini. Pada suatu kala, hiduplah seorang raja yang angkuh karena jumlah tentaranya sangat besar. Lalu suatu saat, raja yang angkuh itu menginginkan ketundukan dari seorang raja yang berasal dari suatu kerajaan kecil, tetapi gagah berani. Raja yang angkuh itu kemudian mengirimkan perwakilannya untuk menyampaikan pesan tersebut. Ketika pesan itu sedang disampaikan, raja yang berani itu kemudian memanggil salah seorang prajuritnya, lalu memerintahkan prajurit itu untuk menusuk dirinya sendiri. Prajurit itu pun langsung menusuk dirinya sendiri. Lalu raja yang berani itu memanggil prajuritnya yang lain dan memerintahkannya untuk menusuk dirinya sendiri; prajurit itu pun langsung menuruti perintah rajanya. Lalu dipanggilnya lagi prajurit ketiga dan diberikannya perintah yang serupa; prajurit itu juga taat sampai mati. Lalu kata raja yang berani itu, "Pergilah dan beritahu rajamu bahwa aku punya tiga ribu prajurit yang seperti ini, suruhlah ia datang ke sini."

Raja itu berani bergantung pada prajurit-prajurit yang tidak menyayangi nyawa mereka sendiri ketika perintah raja sudah turun. Jenis ketaatan seperti inilah yang diinginkan Tuhan, dan ketaatan seperti ini jugalah yang diberikan dan diajarkan Kristus kepada kita. Biarlah ketaatan seperti itu saja yang ingin kita pelajari, dan bukan jenis ketaatan lain yang kurang dari itu. Sejak permulaan kehidupan Kristiani kita, marilah kita menghindari kesalaan fatal dalam menyebut Kristus sebagai Tuan, tetapi tidak melakukan apa yang diperintahkan-Nya. Biarlah semua orang yang–dalam kadar berapa pun–sudah sadar akan dosa ketidaktaatannya memperhatikan dengan seksama ketika kita akan belajar dari firman Tuhan tentang cara untuk membebaskan diri dari ketidaktaatan dan masuk ke dalam sebuah kehidupan yang taat, yaitu suatu kehidupan yang sanggup diberikan Kristus kepada kita.

Pengakuan dan Pembersihan Ketidaktaatan

Tentu mudah sekali melihat bahwa pengakuan dan pembersihan harus menjadi langkah pertama untuk memasuki kehidupan yang taat. Yeremia adalah nabi yang paling sering berbicara soal ketidaktaatan umat Tuhan. Di dalam Kitab Yeremia, Tuhan berkata, *Kembalilah, hai Israel, perempuan murtad; ... sebab Aku ini murah hati... Hanya akuilah kesalahanmu ... bahwa engkau tidak mendengarkan suara-Ku. Kembalilah, hai anak-anak yang murtad, demikianlah firman Tuhan* (Yeremia 3:12-14). Sebelum pertobatan, dosa kita tidak akan diampuni sebelum kita mengakuinya, demikian juga setelah pertobatan, kita tidak akan bebas dari dosa dan ketidaktaatan yang menguasai kita sebelum kita memiliki kesadaran baru yang lebih dalam akan dosa itu, dan lalu mengakuinya.

Kita tidak boleh melihat ketidaktaatan kita sebagai suatu hal yang bersifat umum dan samar-samar. Kita harus memahami proses ketidaktaatan yang telah kita lakukan dengan spesifik. Lalu akuilah ketidaktaatan itu dan berhenti melakukannya, kemudian serahkan semuanya ke tangan Kristus dan biarkan Dia membersihkannya. Hanya inilah harapan untuk masuk ke dalam ketaatan yang sejati.

*Mari kita selidiki hati dengan terang yang
berasal dari pengajaran Tuhan kita*

1. **Kristus menyerukan ketaatan kepada hukum Taurat**
Janganlah kamu menyangka, bahwa Aku datang untuk meniadakan hukum Taurat atau kitab para nabi. Aku datang bukan untuk meniadakannya, melainkan untuk menggenapinya (Matius 5:17). Yesus tidak datang untuk memusnahkan hukum Taurat, tetapi untuk memastikan penggenapannya. Kepada anak muda yang kaya, Yesus mengatakan, *Engkau tentu mengetahui segala perintah Allah* (Lukas 18:20). Biarlah hukum Taurat jadi ujian pertama kita.

Mari kita perhitungkan setiap dosa yang telah kita lakukan, termasuk berbohong. Suatu kali saya mendapat surat kecil dari seorang wanita muda yang mengatakan bahwa dia ingin menaati Tuhan sepenuhnya dan merasa terdesak untuk mengakui sebuah kebohongan yang pernah dikatakannya. Sebenarnya itu bukan suatu kebohongan besar, tetapi pertimbangan wanita muda itu sudah tepat, yaitu bahwa pengakuan ini akan membantunya untuk menyingkirkan kebohongan itu dari dirinya. Betapa banyaknya orang yang tidak akan lolos melewati uji kejujuran! Ada juga perintah lain yang melarang kita mengingini milik orang lain, tetapi masih banyak orang Kristen yang tidak menaati perintah ini. Kita harus mengakhiri ketidaktaatan ini. Kita harus mengakui dan meninggalkan semua ketidaktaatan jika kita masih ingin masuk ke dalam sebuah kehidupan yang menaati Tuhan secara total.

2. **Kristus mengungkapkan hukum kasih yang baru**
Ajaran yang dibawa Yesus adalah untuk menjadi murah hati seperti Bapa di surga juga murah hati, mengampuni seperti Dia mengampuni, mengasihi musuh kita, berbuat baik kepada

orang yang membenci kita, berkorban bagi orang lain, dan hidup dengan penuh kebajikan.

Kita harus melihat hati yang tidak mau memaafkan ketika dicurangi orang lain, pikiran yang tidak memiliki kasih, ketidaksabaran, kata-kata yang tidak baik, hati yang menolak untuk bermurah hati, serta hati yang menolak untuk berbuat baik dan memberkati orang lain sebagai bentuk ketidaktaatan. Semuanya itu adalah ketidaktaatan yang harus kita sadari, ratapi, dan congkel–seperti mata kanan yang berdosa–sebelum kita bisa memiliki kuasa ketaatan yang total.

3. Kristus sering berbicara tentang penyangkalan diri

Ego adalah dalang di balik lemahnya kasih dan ketaatan kita. Yesus memanggil murid-murid-Nya untuk menyangkal diri dan memikul salib mereka! Dia memanggil mereka untuk meninggalkan segalanya, membenci dan membuang kehidupan mereka sendiri, merendahkan diri, dan menjadi hamba bagi orang lain. Yesus memberikan perintah itu karena ego, kehendak, kesenangan, dan kepentingan pribadi adalah sumber dari segala dosa. Ketika kita menuruti kedagingan dalam hal-hal sederhana seperti makan dan minum; ketika kita memuaskan kedagingan dengan mencari, menerima dan bersukacita atas hal-hal yang membuat kita bangga; ketika kita mengizinkan kehendak pribadi kita untuk menuntut haknya; dan ketika kita berupaya untuk memenuhi keinginannya, maka kita telah melakukan dosa ketidaktaatan karena tidak menaati perintah Yesus. Secara perlahan-lahan, ketidaktaatan ini akan menyelubungi jiwa sehingga akan mustahil bagi kita untuk menikmati terang dan damai sejahtera yang diberikan Tuhan.

4. Kristus menuntut kita untuk mengasihi Tuhan dengan sepenuh hati

Kristus menuntut semua orang untuk memberikan pengorbanan yang setara, yaitu untuk datang dan mengikuti-Nya. Orang percaya yang sama sekali belum mendambakan ini di dalam hatinya; yang belum bertekad untuk meminta pertolongan Tuhan supaya bisa hidup seperti itu telah melakukan dosa ketidaktaatan. Mungkin ada banyak hal di dalam kehidupan agamawi orang itu yang terlihat baik dan bersungguh-sungguh, tetapi dia tidak akan bisa merasakan sukacita yang berasal dari kesadaran bahwa dia sedang melakukan kehendak dan perintah Tuhan.

Ketika panggilan untuk datang dan memulai kehidupan yang baru di dalam ketaatan sudah terdengar, banyak orang yang merasakan keinginan untuk masuk, lalu mencoba menyelinap ke dalamnya diam-diam. Mereka mengira bahwa dengan lebih sering mempelajari Alkitab dan berdoa, mereka akan bertumbuh di dalamnya secara perlahan-lahan. Mereka salah besar. Firman yang diucapkan Tuhan di dalam Kitab Yeremia mungkin akan mengajari mereka akan kesalahannya: *Kembalilah kamu anak-anak yang murtad...kembalilah pada-Ku* (Yeremia 3:22; 4:1).

Seseorang yang telah benar-benar berkomitmen dan berikrar untuk ketaatan total mungkin bisa bertumbuh dari ketaatan yang kecil kepada ketaatan yang lebih besar, tetapi dia tidak bisa bertumbuh dari ketidaktaatan kepada ketaatan. Untuk berpaling dari ketidaktaatan kepada ketaatan, kita memerlukan sebuah pembalikan arah, perputaran arah, keputusan, dan krisis. Kita hanya bisa berpaling dari ketidaktaatan kepada ketaatan jika kita sudah benar-benar memahami kesalahan kita, lalu mengakuinya dengan rasa malu dan pertobatan. Hanya ketika itulah jiwa kita akan mencari kuasa Tuhan untuk membersihkannya dari semua kenajisan. Lalu kita pun akan menyadari karunia yang diberikan Tuhan untuk kita, yaitu hati yang baru beserta dengan Roh Kudus yang akan membuat kita berjalan di dalam ketetapan-ketetapan Tuhan. Jika Anda ingin menjalani kehidupan yang baru dan menjadi pria atau wanita yang taat seperti Kristus, mulailah dengan memohon kepada Tuhan supaya Roh Kudus-Nya menyadarkanmu akan semua ketidaktaatan dan supaya Ia memimpinmu kepada pembersihan yang sudah disediakan Tuhan–lewat pengakuan yang rendah hati. Jangan pernah berhenti sampai Anda mendapatkannya.

Iman Bahwa Ketaatan itu Mungkin

Ini adalah langkah kedua. Untuk melakukannya, kita harus berusaha memahami arti ketaatan dengan jelas. Untuk memahaminya, kita harus benar-benar memperhatikan perbedaan antara dosa yang disengaja dengan dosa yang tidak disengaja. Ketaatan hanya berkaitan dengan dosa yang disengaja.

Kita tahu bahwa hati baru yang diberikan Tuhan kepada anak-anak-Nya diletakkan di tengah-tengah kedagingan yang kodratnya penuh dengan dosa. Kesombongan, kurangnya kasih, dan kenajisan yang seringkali berada di luar kendali kita, muncul dari kedagingan itu. Hal serupa bahkan juga terjadi di dalam orang-orang yang sedang berjalan dalam ketaatan sejati. Pada hakikatnya, pikiran-pikiran seperti itu adalah dosa dan kekejian, tetapi itu tidak diperhitungkan kepada seseorang sebagai sebuah pelanggaran. Itu bukanlah perilaku ketidaktaatan yang bisa kita hancurkan atau singkirkan seperti perilaku ketidaktaatan yang sudah dibicarakan sebelumnya. Kebebasan dari dosa yang tidak disengaja itu diperoleh dengan cara yang berbeda, bukan lewat kehendak manusia yang sudah lahir baru–yang selalu melahirkan ketaatan–tetapi lewat darah dan kehadiran Yesus yang berkuasa untuk membersihkan dan memurnikan. Ketika kodrat berdosanya mulai muncul, yang bisa dilakukan seorang percaya adalah membencinya dan memercayai darah Kristus yang bisa membersihkan dan lalu menjaganya tetap bersih.

Memahami perbedaan dosa yang disengaja dan dosa yang tidak disengaja merupakan sebuah hal yang sangat penting dan berpengaruh. Ini akan mencegah orang percaya untuk melihat ketaatan sebagai suatu hal yang mustahil. Pemahaman ini akan mendorongnya untuk mengejar dan mempersembahkan ketaatannya di wilayah yang tepat. Selama kita menempatkan kekuatan kehendak kita di posisi yang benar, maka selama itu juga kita bisa memercayai kuasa Roh Kudus untuk melakukan pekerjaan yang tidak bisa dilakukan oleh kehendak kita.

Ketika hambatan itu sudah berhasil diatasi, hambatan kedua seringkali akan muncul untuk membuat kita ragu apakah ketaatan itu memang benar-benar mungkin dicapai. Banyak orang yang cenderung mengaitkan ketaatan dengan kesempurnaan absolut. Mereka melihat semua perintah yang ada di Alkitab dan memikirkan semua karunia yang ditunjukkan oleh perintah-perintah itu dalam kadarnya yang palingg tinggi. Lalu mereka berpikir bahwa orang yang taat adalah mereka yang setiap saat memiliki semua karunia itu dalam kadarnya yang paling sempurna.

Itu sangat berbeda dari tuntutan Bapa kita yang ada di surga! Dia mempertimbangkan kekuatan dan pencapaian anak-anak-Nya yang berbeda antara yang satu dengan yang lainnya. Yang diminta Tuhan dari setiap anak-anak-Nya hanyalah ketaatan setiap hari, atau bahkan, ketaatan setiap jam sekali waktu. Tuhan pasti mengetahui apakah kita memang sudah benar-benar memilih untuk taat dan memberikan seluruh diri kita untuk melakukan setiap perintah-Nya yang telah kita ketahui. Dia tahu apakah kita benar-benar rindu untuk mengetahui dan melakukan kehendak-Nya. Dan ketika anak-anak-Nya melakukan ini dengan kasih dan iman yang sederhana, maka Tuhan sudah menerima ketaatannya itu. Roh

Kudus memberikan kita sebuah jaminan yang manis bahwa kita telah menyenangkan hati Tuhan dan Dia memberikan kita *keberanian percaya pada Tuhan,* karena kita tahu bahwa, *kita menuruti segala perintah-Nya dan melakukan apa yang berkenan pada-Nya* (1 Yohanes 3:21-22).

Ketaatan ini merupakan sebuah tingkatan karunia yang mungkin untuk dicapai. Iman yang seperti ini mutlak diperlukan jika kita ingin berjalan dalam ketaatan. Dasar dari iman yang seperti ini ada di dalam firman Tuhan. Kita bisa menemukannya di dalam Perjanjian Tuhan yang baru: *Aku akan menaruh Taurat-Ku dalam batin mereka dan menuliskannya dalam hati mereka. Aku akan menaruh takut kepada-Ku ke dalam hati mereka, supaya mereka jangan menjauh dari pada-Ku (*Yeremia 32:40*).*

Kekurangan fatal Perjanjian Lama adalah bahwa ia menuntut ketaatan, tetapi tidak menyediakan kekuatan untuk melakukannya. Namun, Perjanjian Baru menyediakan kekuatan itu. Yang dimaksud dengan 'hati' di dalam ayat itu adalah 'kasih' dan 'kehidupan'. Ketika Hukum Taurat dituliskan ke dalam hati orang-orang yang sudah lahir baru, artinya hukum itu telah menguasai kehidupan dan kasih mereka yang terdalam. Hati yang baru itu menemukan kebahagiaan di dalam hukum Tuhan. Hati yang baru itu juga bersedia dan mampu melakukan perintah-perintah Tuhan. Mungkin Anda meragukannya. Mungkin Anda tidak punya pengalaman yang bisa meneguhkan kebenaran itu. Tidak heran! Janji Tuhan memang hanya bisa diterima lewat iman. Jika Anda tidak memercayainya, Anda tidak akan bisa menerimanya.

Pernahkah Anda mendengar tentang tinta rahasia? Jika Anda menulis menggunakan tinta ini di atas kertas, orang lain tidak akan bisa melihat rahasia yang Anda tulis di kertas tersebut. Beritahu mereka bahwa di kertas itu terdapat tulisan rahasia, lalu mereka akan memercayainya dengan iman.

Arahkan kertas itu ke sinar matahari, atau taruh cairan tertentu di atasnya, dan tulisan rahasianya pun akan terlihat. Demikian pula, hukum Tuhan sudah tertulis dalam hatimu. Jika Anda memercayai kebenaran ini dengan sungguh-sungguh dan mampu mengatakan kepada Tuhan bahwa hukum-Nya sudah tertulis di dalam batinmu, arahkanlah hati itu kepada cahaya Roh Kudus, dan Anda akan melihat kebenarannya. Arti dari 'hukum Tuhan tertulis di batinmu' adalah cinta yang membara terhadap perintah-perintah Tuhan, yang disertai dengan kekuatan untuk melakukannya.

Ada satu cerita tentang seorang prajurit Napoleon. Ketika dokter sedang berusaha mengeluarkan peluru yang bersarang di dekat jantungnya, prajurit itu berteriak, "Potong lebih dalam, dan akan kau lihat nama Napoleon terukir di sana." Hai orang percaya! Percayalah bahwa hukum Tuhan hidup di dalam batinmu! Perkatakanlah dengan iman kata-kata Daud dan Kristus berikut: *Aku suka melakukan kehendak-Mu, ya Allahku; Taurat-Mu ada dalam dadaku* (Mazmur 40:8). Iman ini akan membuat Anda yakin bahwa ketaatan itu adalah suatu hal yang mungkin dilakukan. Iman yang seperti ini akan membantu Anda masuk ke dalam kehidupan yang penuh dengan ketaatan sejati.

Langkah untuk Keluar dari Ketidaktaatan dan untuk Masuk ke Dalam Ketaatan adalah Lewat Penyerahan Diri kepada Kristus

Kembalilah, hai anak-anak yang murtad! Aku akan menyembuhkan engkau dari murtadmu, kata Tuhan kepada orang Israel (Yeremia 3:22). Mereka adalah umat Tuhan, tetapi mereka berbalik dari-Nya. Mereka harus segera berbalik secara total kepada Tuhan. Untuk berbalik dari kehidupan yang terbagi-bagi di dalam ketidaktaatan dan untuk mengatakan dengan iman–akan karunia Tuhan–"Aku akan taat," sebenarnya bisa dilakukan dalam sekejap mata.

Kekuatan untuk membuat ikrar ketaatan dan mempertahankannya datang dari Kristus yang hidup. Telah kita katakan sebelumnya bahwa kuasa ketaatan ada di dalam kehadiran Tuhan yang hidup. Selama kita hanya mengetahui kehendak Tuhan dari buku atau dari orang lain, kita pasti akan gagal; tetapi jika Yesus–dalam kedekatannya yang tidak pernah berubah–sekaligus menjadi Tuhan dan kekuatan kita, maka kita akan mampu menaati perintah Tuhan. Suara yang memberikan perintah adalah suara yang sekaligus memberikan inspirasi untuk menaatinya. Mata yang memberikan bimbingan adalah mata yang sekaligus menyemangati. Kristus menjadi segalanya bagi kita. Dia adalah Tuan yang memberikan perintah, Teladan yang mengajari, dan Penolong yang memberikan kekuatan. Berbaliklah kepada Kristus dan tinggalkan kehidupanmu yang tidak taat. Serahkanlah dirimu kepada-Nya dengan iman.

Serahkanlah dirimu kepada Yesus. Biarkan Dia menguasai segala yang ada padamu. Serahkanlah kehidupanmu untuk dipenuhi oleh kehidupan-Nya, kehadiran-Nya, kehendak-Nya, dan pelayanan-Nya. Yesus sanggup melakukannya. Jangan berikan kehidupanmu untuk diselamatkan dari ketidaktaatan hanya supaya Anda bisa bahagia karena terbebas dari dosa dan masalah. Namun, serahkanlah dirimu kepada Yesus untuk melayani Dia dan supaya Dia bisa memiliki dirimu seutuhnya sebagai bejana dan saluran yang akan diisi dengan diri-Nya, kehidupan-Nya, dan kasih-Nya bagi orang lain.

Serahkanlah dirimu kepada-Nya di dalam iman–iman yang baru. Ketika kita melihat hal baru ini di dalam Kristus–kekuatan untuk ketaatan yang terus berlanjut–kita memerlukan iman yang baru untuk menerima berkat istimewa dari penebusan-Nya yang agung itu. Iman yang lama hanya mengetahui ayat *Dia taat sampai mati* (Filipi 2:8), dan memahami bahwa ayat itu berbicara soal penebusan Kristus yang bertujuan untuk mendorong kita supaya menaati dan mengasihi Tuhan. Sementara iman yang baru adalah iman yang belajar untuk menerima firman ini: *Hendaklah kamu...mengenakan pikiran Kristus Yesus..[yang] telah merendahkan diri-Nya dan taat sampai mati* (Filipi 2:5,8). Ini adalah iman yang percaya bahwa Kristus telah memberikan pikiran dan Roh-Nya ke dalam kita, dan di dalam iman itu, kita bersiap untuk menghidupi dan melakukan perintah-Nya.

Tuhan mengutus Kristus ke dunia ini untuk mengembalikan ketaatan ke tempatnya semula di dalam hati dan di dalam kehidupan kita, serta memulihkan manusia kepada keadaannya semula, yaitu hidup di dalam ketaatan kepada Tuhan. Ketika Yesus Kristus datang ke dunia ini dan taat sampai mati, Dia sedang menunjukkan satu-satunya jenis ketaatan yang benar. Kristus mengerjakan dan menyempurnakan ketaatan itu di dalam diri-Nya sendiri sebagai sebuah kehidupan yang dimenangkan-Nya lewat kematian dan yang sekarang Ia sedang mengajarkannya kepada kita. Kristus yang mengasihi, memimpin, mengajari, menguatkan, serta hidup di dalam kita adalah Kristus yang taat sampai mati.

Ketaatan sampai mati adalah hakikat dari kehidupan yang diimpartasikan Kristus kepada kita. Maukah Anda menerimanya dan percaya bahwa Dia akan membuatnya menjadi nyata di dalammu? Maukah Anda masuk ke dalam kehidupan yang diberkati itu? Inilah pintu masuknya: Kristus berkata, *Akulah pintu* (Yohanes 10:9). Ini adalah jalan yang baru dan kehidupan: Kristus berkata, *Akulah jalan* (Yohanes 14:6).

Apakah Anda sudah mulai memahaminya? Penyebab dari semua ketidaktaatan kita adalah karena kita tidak mengenal Kristus dengan baik. Apakah Anda mengerti sekarang? Ketaatan hanya bisa terjadi di dalam kehidupan seseorang yang selalu bersekutu dengan Tuhan. Inspirasi dari suara-Nya, cahaya dari mata-Nya, dan genggaman tangan-Nya membuat ketaatan menjadi mungkin dan pasti. Datanglah dan marilah kita sujud dan menyerahkan diri kita kepada Kristus. Marilah kita taat sampai mati di dalam iman bahwa Kristus telah menjadikan kita ahli waris akan segala sesuatu yang ada pada-Nya dan yang dimiliki-Nya.

Bab 6

Ketaatan dan Iman

Karena iman Abraham taat, ketika ia akan berangkat ke negeri yang akan diterimanya menjadi milik pusakanya, lalu ia berangkat dengan tidak mengetahui tempat yang ia tuju (Ibrani 11:8).

Karena iman Abraham taat. Dia percaya bahwa tanah Kanaan yang dibicarakan Tuhan itu memang benar-benar ada. Dia memercayainya sebagai tanah yang dijanjikan Tuhan; tanah yang diberikan kepadanya sebagai sebuah warisan. *Kepadamu dan kepada keturunanmu akan Kuberikan negeri yang kau diami sebagai orang asing, yakni seluruh tanah Kanaan akan Kuberikan menjadi milikmu untuk selama-lamanya; dan Aku akan menjadi Allah mereka* (Kejadian 17:8). Abraham percaya bahwa Tuhan akan membimbing, menunjukkan, dan akhirnya memberikan tanah Kanaan kepadanya. Dengan iman itu ia berani untuk berangkat, tanpa mengetahui ke mana ia akan pergi. Dalam iman yang tidak mengetahui apa-apa itu, Abraham memercayai dan menaati Tuhan, hingga pada akhirnya ia menerima warisannya.

Tanah perjanjian yang sudah ditetapkan bagi kita adalah sebuah kehidupan yang taat. Kita telah mendengar panggilan Tuhan untuk berangkat dan tinggal di sana. Itu bukan sebuah kekeliruan. Kita telah mendengar janji Kristus bahwa Dia akan membawa kita ke sana dan memberikan tanah itu menjadi milik kita. Janji itu sudah jelas dan pasti. Kita telah menyerahkan diri kepada Tuhan dan meminta kepada Bapa supaya semua ini menjadi kenyataan di dalam kita. Yang kita inginkan sekarang adalah supaya seluruh kehidupan dan pekerjaan yang kita lakukan di tanah itu menjadi sebuah ketaatan yang kudus dan penuh dengan sukacita, dan supaya lewat kita, Tuhan bisa menunjukkan kepada orang lain bahwa ketaatan merupakan kunci utama di dalam kehidupan Kristiani. Target kita sangat tinggi dan kita hanya bisa mencapainya dengan aliran kekuatan baru dari surga. Kita hanya bisa taat dan menerima janji Tuhan itu lewat iman yang telah menerima sebuah iluminasi baru dan yang terus dialiri kuasa surgawi–yang sudah diberikan kepada kita di dalam Kristus.

Ketika kita berpikir untuk menumbuhkan kesadaran di dalam diri sendiri dan orang lain bahwa kita hanya hidup untuk menyenangkan dan melakukan kehendak Tuhan, sebagian orang sudah siap untuk mengatakan, "Itu bukan tanah perjanjian untuk kita. Kita dipanggil untuk sebuah kehidupan yang penuh beban, kesusahan, dan sudah pasti kegagalan."

Jangan katakan itu, Saudaraku! Tuhan memang memanggilmu ke sebuah tanah perjanjian. Datanglah dan buktikan bahwa Dia memang bisa bekerja di dalammu. Datang dan alami sendiri kehormatan yang tersedia di dalam ketaatan yang sama persis dengan ketaatan Kristus, yaitu sebuah ketaatan sampai mati. Datang dan lihatlah berkat seperti apa yang akan diberikan Tuhan kepada mereka yang, sama seperti Kristus, menyerahkan seluruh kehidupannya untuk melakukan kehendak Tuhan. Percayalah bahwa tanah ketaatan itu sungguh mulia.

KETAATAN DAN IMAN

Percayalah kepada Tuhan, yang memanggilmu untuk pergi ke sana. Percayalah pada Kristus, yang akan membawamu masuk ke dalamnya. Percayalah pada Roh Kudus, yang tinggal dan bekerja di sana. Mereka yang percaya akan masuk ke tanah perjanjian itu.

Selanjutnya, saya akan berbicara soal ketaatan iman, dan tentang iman sebagai kekuatan yang menyanggupkan kita untuk taat. Lima poin sederhana berikut ini adalah ekspresi dari hati orang yang benar-benar percaya dan yang sedang memasuki tanah ketaatan itu: Aku melihatnya, mendambakannya, mengharapkannya, menerimanya, dan memercayakannya pada Kristus.

Iman Melihatnya

Saya sudah mencoba menunjukkan peta menuju tanah perjanjian itu dan menunjukkan tempat paling penting yang ada di sana, yaitu tempat Tuhan menemui dan memberkati jiwa kita. Yang kita perlukan sekarang adalah menjawab pertanyaan ini dengan tenang dan pasti: apakah tanah ketaatan–tempat ketaatan yang konsisten dan tiada henti kepada Tuhan–itu benar-benar ada?

Selama masih ada keraguan sampai di sini, tidak perlulah kita pergi dan mencoba merebut tanah itu. Coba pikirkan iman Abraham. Imannya dia taruh di dalam Tuhan dan di dalam kemahakuasaan serta kesetian-Nya. Saya telah meletakkan janji-janji Tuhan di hadapan Anda. Sekarang dengarkanlah janji-Nya yang lain lagi: *Kamu akan Kuberikan hati yang baru dan Roh yang baru di dalam batinmu dan Aku akan menjauhkan dari tubuhmu hati yang keras dan Kuberikan kepadamu hati yang taat. Roh-Ku akan Kuberikan tinggal di dalam batinmu dan Aku akan membuat kamu hidup menurut segala ketetapan-Ku dan tetap berpegang pada peraturan-peraturan-Ku dan melakukannya* (Yehezkiel 36:26-27). Di sini Tuhan sedang mengikatkan perjanjian-Nya. Dia juga mengatakan, *Aku, TUHAN, yang mengatakannya...dan Aku yang akan membuatnya* (Yehezkiel 24:14). Dia membuat komitmen dengan diri-Nya sendiri untuk membuat dan memampukan Anda berjalan di dalam ketaatan. Untuk memenuhi komitmen-Nya tersebut, Dia telah menyediakan karunia yang paling luar biasa di dalam Kristus dan di dalam Roh Kudus-Nya.

Lakukan saja apa yang dilakukan Abraham dulu–tetapkan hatimu kepada Tuhan. *Tetapi terhadap janji Allah ia tidak bimbang karena ketidakpercayaan, malah ia diperkuat dalam imannya dan ia memuliakan Allah, dengan penuh keyakinan, bahwa Allah berkuasa untuk melaksanakan apa yang Ia janjikan* (Roma 4:20-21). Kemahakuasaan Tuhan adalah tempat peristirahatan Abraham. Biarlah itu jadi tempat peristirahatanmu juga. Lihatlah semua janji-janji Tuhan di dalam firman-Nya dengan kacamata iman yang sederhana. Ia berjanji untuk memberikan kita hati yang bersih, kehidupan yang saleh dan kudus, kehidupan yang menaati semua perintah-Nya dan yang menyenangkan hati-Nya. Ia berjanji akan bekerja di dalam kita untuk menginginkan dan melakukan, serta untuk mengerjakan hal-hal yang menyenangkan hati-Nya. Tuhan berkata bahwa kekuatan-Nya bisa melakukan itu semua. Biarlah jaminan ini menguasai Anda, yaitu bahwa hidup di dalam ketaatan penuh merupakan suatu hal yang mungkin untuk dicapai. Iman dapat melihat hal-hal yang tak terlihat dan mustahil. Pandanglah janji Tuhan itu sampai hatimu berkata, "Itu pasti benar. Itu benar. Ini adalah sebuah kehidupan yang belum pernah aku ketahui sebelumnya."

Iman Menginginkannya

Ketika saya membaca cerita-cerita dalam Injil dan melihat

betapa besarnya keinginan orang-orang sakit, orang-orang buta dan orang-orang yang berkekurangan di cerita itu untuk memercayai perkataan Kristus, saya sering bertanya kepada diri saya sendiri, kenapa mereka memiliki keinginan percaya yang lebih kuat daripada kita? Di dalam Kitab Suci, saya menemukan bahwa yang membedakan mereka dengan kita adalah kejujuran dan intensitas keinginannya. Mereka benar-benar mendambakan kebebasan dengan sepenuh hati. Mereka tidak perlu dibujuk untuk menerima berkat dari Yesus.

Sungguh menyedihkan, betapa berbedanya kita dengan mereka! Semua orang ingin jadi lebih baik dalam hal-hal tertentu di hidupnya, tetapi sangat sedikit orang yang sungguh-sungguh *lapar dan haus akan kebenaran* (Matius 5:6); sangat sedikit orang yang sungguh-sungguh mengejar ketaatan dan kesadaran bahwa hidupnya menyenangkan hati Tuhan.

Tidak ada iman yang kuat tanpa keinginan yang kuat. Keinginan adalah sebuah penggerak yang sangat kuat di alam semesta ini. Keinginan Tuhan untuk menyelamatkan kita adalah hal yang mendorong-Nya untuk mengutus Anak-Nya ke bumi. Keinginan adalah suatu hal yang mendorong manusia untuk belajar, bekerja, dan bertahan. Hanya keinginan untuk diselamatkanlah yang bisa mendorong orang berdosa datang kepada Kristus. Dengan konsep yang sama, tanah perjanjian tadi akan menjadi menarik jika kita memiliki keinginan untuk mengalami persekutuan yang sangat intim dengan Tuhan, keinginan untuk menjadi seperti apa yang dikehendaki-Nya, serta keinginan untuk melakukan sebanyak mungkin kehendak-Nya. Inilah yang akan membuat kita rela untuk meninggalkan segalanya supaya bisa mendapatkan semua warisan kita di dalam ketaatan Kristus. Lalu bagaimana cara membangkitkan keinginan itu?

Betapa memalukan bahwa kita perlu mengajukan pertanyaan demikian. Betapa memalukan bahwa satu hal yang harusnya paling didambakan di atas segala hal–keserupaan dengan Tuhan, menjadi satu dengan-Nya dalam melakukan kehendak-Nya—ternyata tidak cukup menarik bagi kita! Lihatlah ini sebagai tanda akan kebutaan dan kebodohan kita, dan memohonlah kepada Tuhan, supaya lewat Roh-Nya, Ia menerangi mata hati kita, supaya kita bisa melihat kekayaan kemuliaan akan warisan kita di dalam kehidupan yang taat (Efesus 1:18). Dalam terang Roh Tuhan, mari kita berbalik dan melihat ketaatan itu sebagai suatu hal yang mungkin; pasti; diberkati; dan dijamin oleh Tuhan, hingga iman kita mulai terbakar dengan keinginan dan mulai berkata, "Aku ingin memilikinya. Aku akan mengejarnya dengan sepenuh hatiku."

Iman Mengharapkannya

Keinginan dan harapan memiliki perbedaan yang sangat besar. Setelah diselamatkan, seseorang biasanya akan memiliki keinginan yang kuat, tetapi harapannya sangat kecil untuk benar-benar memperoleh ketaatan itu. Dibutuhkan langkah yang besar untuk mengubah keinginan itu menjadi harapan sehingga jiwa kita akan berkata tentang berkat-berkat rohani, "Aku yakin itu untukku, dan meskipun aku tidak tahu caranya, aku yakin aku akan mendapatkannya."

Ketaatan bukan lagi sekadar utopia yang diulurkan Tuhan supaya kita berjuang mendekatinya sedikit demi sedikit. Kini ketaatan itu adalah sebuah kenyataan, dan memang dimaksudkan untuk manusia yang masih hidup dalam darah dan daging di bumi ini. Harapkanlah ketaatan itu sebagai suatu hal yang memang dimaksudkan untuk Anda. Harapkanlah supaya Tuhan menjadikannya sebuah kenyataan di dalam dirimu.

Memang ada banyak hal yang akan menghalangi pengharapan ini, misalnya saja kegagalan di masa lalu, temperamen atau situasi yang buruk, iman yang lemah, atau kesadaran bahwa Anda tidak cukup kuat untuk taat sampai mati. Semua ini mungkin akan membuat Anda berkata, "Mungkin janji ini memang berlaku untuk orang lain, tetapi bukan untukku." Saya mendesak Anda untuk tidak mengatakan hal-hal seperti itu. Jika Anda berpikir demikian, maka Anda sedang melupakan Tuhan dari ceritanya. Berharaplah untuk mendapatkan janji Tuhan itu. Arahkanlah pandanganmu kepada kekuatan dan kasih Tuhan, lalu katakan, "Janji itu memang untukku." Teguhkanlah hatimu berdasarkan pengalaman orang-orang percaya yang sudah hidup sebelum Anda. Santa Teresa dari Avila menulis bahwa setelah bertobat, ia menghabiskan 18 tahun hidupnya dalam sebuah upaya menyedihkan untuk mencoba mendamaikan kehidupannya yang penuh dosa dengan Tuhan.[1] Namun, akhirnya dia bisa menulis:

> Aku telah bersumpah untuk tidak lagi melukai perasaan Tuhan dalam hal sekecil apa pun. Aku telah bersumpah bahwa lebih baik bagiku untuk mati seribu kali daripada melukai perasaan-Nya dengan sadar–ini adalah ketaatan sampai mati. Aku sudah meneguhkan hati untuk tidak lagi lalai melakukan hal-hal yang kuanggap lebih sempurna, dan lebih memuliakan Tuhan.

Kami sangat lamban dalam menyerahkan hati kami kepadaMu. Dan Engkau tidak akan membiarkan kami memiliki-Mu sebelum kami memberikan harga yang pantas untuk harta yang sedemikian berharga. Tidak ada satu hal pun di dunia ini yang bisa membayar pencurahan kasih-Mu ke dalam hati kami kecuali kasih dari hati kami itu sendiri. Tuhan tidak pernah menahan diri-Nya dari orang-orang yang bersedia membayar harga dan bertekun mencari-Nya. Tuhan akan, sedikit demi

---

[1] Santa Teresa dari Avila (1515-1528) adalah seorang biarawati Roma Katolik, penulis dan seorang mistik asal Spanyol. Murray kemungkinan besar mendapatkan kutipan ini dari buku karya Alexander Whyte, *Santa Teresa: An Appreciation*, yang diterbitkan tahun 1897. Kutipan ini ditemukan dalam halaman 44-45 buku tersebut.

sedikit, kini dan nanti, menguatkan dan memulihkan jiwa orang itu, sampai akhirnya ia merebut kemenangan.

Gerhard Tersteegen telah mencari dan melayani Tuhan sejak masa mudanya.[2] Pada suatu waktu, ia merasa bahwa karunia Tuhan telah ditarik darinya. Selama lima tahun dia seperti seorang yang tersesat sangat jauh di laut hingga matahari maupun bintang-bintang tidak terlihat lagi. "Namun, aku berharap pada Yesus." Pada saat itu juga terang datang menyinarinya dan tidak pernah redup lagi, lalu dia menulis sebuah surat–dengan darah yang keluar dari nadinya–kepada Tuhan Yesus: "Sejak sore ini sampai selama-lamanya, kehendak-Mu, dan bukan kehendakku yang jadi. Berkuasa dan bertakhtalah di dalamku. Aku menyerahkan seluruh diriku, tidak ada yang tersisa, dan aku berjanji, dengan pertolongan dan kekuatan-Mu, aku lebih baik menetaskan darah terakhirku daripada mengkhianati dan memberontak kepada-Mu dengan sadar." Itulah ketaatannya yang sampai mati. Tetapkanlah hatimu dan berharaplah untuk memperoleh ketaatan itu. Tuhan yang sama masih hidup. Tetapkanlah pengharapanmu kepada-Nya. Dia akan mengerjakan ketaatan itu di dalammu.

Iman Menerimanya

Menerima lebih daripada sekadar mengharapkan. Banyak orang yang menunggu dan mengharapkan, tetapi tidak pernah mendapatkannya karena mereka tidak menerimanya. Kepada semua orang yang masih belum menerima dan yang merasa bahwa mereka belum siap untuk menerimanya, saya katakan, "Harapkanlah!" Jika harapan itu tulus dan diarahkan langsung kepada Tuhan, maka ia akan memimpin jiwamu untuk menerimanya. Kepada semua orang yang berkata bahwa

---

2 Gerhard Tersteegen (1697-1769) adalah seorang tokoh pietis Gereja Reformasi Jerman, penulis lagu-lagu himne, seorang mistik dan juga seorang pendeta.

mereka benar-benar mengharapkannya, saya mendesak Anda, "Terimalah!" Iman memiliki kuasa Ilahi yang menakjubkan untuk berkata, "Aku menerimanya, mengambilnya, dan sekarang aku memilikinya."

Iman yang teguh ini akan mengklaim dan mengambil sendiri berkat-berkat rohani yang kita dambakan. Banyak doa yang kelihatannya tidak berbuah karena orang yang mendoakannya tidak punya iman seperti itu. Memang tidak semua orang siap untuk melakukan tindakan iman yang sedemikian rupa. Selama kita tidak menyadari dosa ketidaktaatan; selama kita tidak benar-benar berdukacita karenanya; selama tidak ada kerinduan dan keinginan yang kuat untuk menaati Tuhan dalam segala hal; selama tidak ada ketertarikan yang kuat akan firman yang mengatakan bahwa Tuhan ingin *memperlengkapi kamu dengan segala yang baik untuk melakukan kehendak-Nya, dan mengerjakan di dalam kita apa yang berkenan kepada-Nya* (Ibrani 13:21), maka kita tidak akan memiliki kekuatan spiritual untuk menerima berkat itu. Banyak orang Kristen yang puas menjadi bayi spiritual saja. Mereka hanya mau minum susu penghiburan. Mereka tidak bisa menerima daging yang dimakan Yesus, yaitu melakukan kehendak Bapa.

Namun, kami datang kepadamu dengan sebuah permohonan, terimalah karunia akan hidup ketaatan yang menakjubkan ini. Terimalah sekarang juga. Tanpa karunia ini, usaha Anda untuk hidup kudus tidak akan berbuah banyak. Tanpa karunia ini, usaha Anda untuk mencoba lebih taat akan gagal. Biarkanlah Tuhan menunjukkan bahwa ada suatu sikap baru yang harus Anda ambil, yaitu ketaatan seperti anak kecil, hari demi hari, atas semua perintah yang diberitahukan suara Tuhan kepadamu, lewat Roh Kudus. Kehidupan yang bergantung sepenuhnya kepada semua karunia Tuhan merupakan suatu hal yang mungkin untuk dilakukan. Anda juga bisa mengalaminya hari demi hari, untuk setiap perintah yang diberikan Tuhan kepadamu.

Saya mendesak Anda, sekarang juga, untuk mengambil sikap itu. Serahkanlah dirimu kepada Tuhan dan terimalah karunia-Nya. Masuklah ke dalam sebuah kehidupan iman yang sejati dan ketaatan yang tiada putusnya. Semoga Anda memiliki iman yang sama tak terbatasnya dan sama pastinya dengan janji dan kekuatan Tuhan. Ketaatanmu–yang sederhana seperti ketaatan anak kecil–bisa menjadi sama tidak terbatasnya dengan imanmu. Mintalah pertolongan Tuhan, dan terimalah semua yang hendak diberikan-Nya kepadamu.

Iman Memercayakan Semuanya kepada Kristus

Sebab Kristus adalah "ya" bagi semua janji Allah. Itulah sebabnya oleh Dia kita mengatakan "Amin" untuk memuliakan Allah (2 Korintus 1:20). Setelah kita berbicara tentang kehidupan yang taat, mungkin saja akan muncul pertanyaan dan kesulitan yang tidak bisa Anda jawab. Mungkin Anda akan merasa bahwa sepertinya Anda tidak bisa menerima semua karunia ini sekaligus, atau bahwa Anda tidak bisa mendamaikannya dengan semua kebiasaan lama dalam berpikir, berbicara dan berperilaku. Mungkin Anda khawatir bahwa Anda tidak akan bisa menaklukkan seluruh kehidupanmu sekaligus di bawah prinsip ini: "Lakukan semuanya berdasarkan kehendak Tuhan; lakukan semuanya dalam ketaatan kepada-Nya."

Untuk semua pertanyaan ini, hanya ada satu jawaban, dan untuk ketakutan ini hanya ada satu keselamatan: Yesus Kristus, Juru Selamat yang hidup, mengetahui semuanya, dan Dia meminta supaya Anda memercayakan dirimu kepada-Nya. Percayalah kepada-Nya untuk menerima hikmat dan kekuatan yang diperlukan untuk terus berjalan di dalam ketaatan iman.

Kita telah melihat berkali-kali bahwa hakikat dari seluruh penebusan yang dilakukan Kristus adalah ketaatan. Kini, ketika Ia mengajarkan penebusan itu, hakikatnya juga masih sama.

KETAATAN DAN IMAN

Yesus memberikan Roh ketaatan sebagai roh yang menghidupkan kita. Roh itu ada di dalam kita setiap saat lewat Yesus. Dia sendirilah yang bertanggung jawab atas ketaatan kita. Tidak ada satu hal pun yang ada di kolong langit ini selain dari apa yang dimiliki-Nya, diberikan-Nya, dan dikerjakan-Nya. Yesus menyerahkan diri-Nya bagi kita sebagai jaminan bahwa Ia akan terus bekerja di dalam kita, dan Dia meminta kita untuk berserah kepada-Nya. Hanya di dalam Yesus sajalah semua ketakutan kita dilenyapkan, semua kebutuhan kita dipenuhi dan semua keinginan kita dipuaskan. Sama seperti Yesus yang saleh itu adalah kesalehan kita, begitu juga Yesus yang taat itu adalah ketaatan kita.

Akankah Anda memercayai Kristus untuk memberikan ketaatan itu kepadamu? Apa yang dilihat, diharapkan dan diterima oleh iman, harus kita percayakan dengan berani kepada Kristus, yaitu bahwa Dia akan memberikan dan mengerjakan ketaatan itu di dalam kita. Akankah Anda mengambil kesempatan untuk memuliakan Tuhan dan Putra-Nya hari ini dengan memercayai Yesus untuk memimpinmu ke tanah perjanjian itu? Pandanglah Tuhanmu yang sudah dimuliakan di surga, dan lihatlah kekuatan-Nya dengan arti yang baru. Perbaharui kembali ikrar kesetiaanmu–ikrar untuk tidak melakukan apa pun yang menyinggung perasaan Tuhan dengan sengaja dan sadar. Percayalah bahwa Tuhan akan memberimu iman untuk membuat ikrar itu; hati untuk menjaganya; dan kekuatan untuk melakukannya. Percayalah kepada Kristus yang hidup, percayalah pada kehadiran-Nya yang sanggup menjamin iman dan ketaatanmu. Percayalah kepada-Nya, beranikan dirimu untuk mengabdi kepada-Nya, di dalam jaminan bahwa Yesus sudah berkomitmen untuk menjadikan diri-Nya sebagai "ya" dan "amin" atas semua janji-janji Tuhan, untuk memuliakan Allah, lewat kita.

Bab 7

Siap untuk Taat

Kumpulkanlah potongan-potongan yang lebih supaya tidak ada yang terbuang (Yohanes 6:12).

Pada bab ini saya akan mengumpulkan beberapa poin yang belum dibahas sebelumnya, atau yang belum diterangkan dengan cukup jelas. Saya berharap poin-poin ini akan membantu mereka yang memang sudah mendaftarkan dirinya ke dalam sekolah ketaatan Kristus.

Tentang Mempelajari Ketaatan

Pertama-tama, biarkanlah saya memberi peringatan tentang kekeliruan terkait istilah "mempelajari ketaatan". Kita cenderung menganggap bahwa ketaatan sampai mati adalah sesuatu yang hanya bisa dipelajari secara bertahap di dalam sekolah ketaatan Kristus. Ini adalah kesalahan yang sangat fatal dan menyakitkan. Yang harus kita pelajari, dan yang benar-benar kita pelajari secara bertahap adalah ketaatan dalam perintah-perintah yang baru dan lebih sulit dari sebelumnya. Namun, pada prinsipnya, Kristus ingin agar kita membuat ikrar ketaatan yang mutlak sejak awal kita masuk ke sekolah-Nya.

Anak kecil berumur lima tahun bisa sama taatnya dengan seorang pemuda berumur delapan belas tahun. Perbedaan di antara mereka tidak terletak pada prinsip ketaatannya, tetapi dalam jenis pekerjaan yang dituntut dari mereka. Meskipun ketaatan Kristus yang sampai mati itu baru terjadi di akhir kehidupan-Nya, tetapi Roh ketaatan yang ada di dalam-Nya tetap sama sejak semula. Ketaatan yang sepenuh hati bukan sebuah akhir yang ingin dituju, tetapi merupakan permulaan kehidupan kita di dalam sekolah ketaatan Kristus. Tujuannya, ketika kita sudah benar-benar menyerahkan diri ke tangan Tuhan, adalah kesiapan untuk melayani Dia. Hati yang sepenuhnya diserahkan kepada Tuhan dalam ketaatan total adalah satu-satunya syarat untuk naik kelas di sekolah Kristus dan satu-satunya syarat untuk bertumbuh dalam mengetahui kehendak Tuhan.

Hai orang-orang percaya yang masih muda, selesaikanlah perkara ini sekarang juga! Ingat aturan Tuhan, semua untuk semua. Berikan semuanya kepada Tuhan, dan Dia juga akan memberikan semuanya kepadamu. Ibadahmu tidak akan ada artinya jika Anda tidak mempersembahkan diri sebagai persembahan yang hidup bagi Tuhan, dengan tidak melakukan apa pun selain kehendak-Nya. Ikrar ketaatan yang total adalah biaya masuk bagi orang-orang yang ingin diterima di sekolah ketaatan Kristus, bukan hanya agar diterima oleh asisten pengajarnya, tetapi agar diterima oleh Kristus sendiri.

Tentang Belajar Mengetahui Kehendak Tuhan

Penyerahan diri yang total ini merupakan syarat pertama untuk masuk ke sekolah Kristus. Itu adalah satu-satunya hal yang akan mempersiapkan kita untuk mengetahui kehendak

Tuhan atas kehidupan kita. Ada dua jenis kehendak Tuhan, yang pertama adalah kehendak-Nya yang bersifat umum bagi semua anak-anak-Nya, yang dalam kadar tertentu, bisa kita pelajari di dalam Alkitab. Akan tetapi, perintah-perintah itu juga harus diterapkan secara khusus oleh setiap orang. Itulah yang disebut sebagai kehendak khusus Tuhan bagi setiap individu. Kehendak khusus Tuhan itu hanya bisa diajarkan oleh Roh Kudus, dan Ia hanya akan mengajarkan-Nya kepada mereka yang sudah membuat ikrar ketaatan.

Inilah alasan ada banyak sekali doa–meminta Tuhan supaya menunjukkan kehendak-Nya–yang tak terjawab. Yesus mengatakan, *Barangsiapa mau melakukan kehendak-Nya, ia akan tahu entah ajaran-Ku ini berasal dari Allah, entah Aku berkata-kata dari diri-Ku sendiri* (Yohanes 7:17). Jika seseorang sudah menetapkan hatinya untuk melakukan kehendak Tuhan–lalu melakukan semua perintah Tuhan yang diketahuinya–dia akan tahu apa yang hendak diajarkan Tuhan selanjutnya.

Bagi murid yang mempelajari ilmu-ilmu lain; bagi anak-anak magang yang mempelajari suatu keterampilan; maupun bagi semua orang dalam dunia bisnis, melakukan adalah satu-satunya syarat untuk benar-benar memahami suatu keterampilan. Begitu juga dalam mempelajari ketaatan. Melakukan semua kehendak Tuhan yang kita ketahui, menginginkan serta berkomitmen untuk melakukan semua yang telah diungkapkan-Nya merupakan organ spiritual kita untuk mengetahui kehendak Tuhan.

Berkenaan dengan hal ini, saya akan menekankan tiga poin:

1. Usahakanlah supaya Anda benar-benar menyadari ketidaktahuan dan ketidakmampuanmu untuk mengetahui semua kehendak Tuhan dengan akurat dan dengan cara apa pun. Kesadaran akan ketidaktahuan adalah karakter dasar dari orang yang bisa diajar. *Ia mengajarkan jalan-Nya kepada orang-orang yang rendah hati* (Mazmur 25:9)–mereka yang dengan rendah hati mengaku bahwa mereka perlu diajari. Pengetahuan

di kepala hanya mengandung pikiran-pikiran manusia yang tidak memiliki kuasa. Sementara Tuhan, dengan Roh-Nya, memberikan pengetahuan hidup yang masuk ke dalam hati kita dan akan melakukan pekerjaannya dengan efektif.

2. Tanamkanlah iman yang kuat bahwa Tuhan akan memberikan hikmat-Nya ke dalam batinmu. Mungkin Anda baru mengetahui sedikit tentang hal ini selama Anda menjadi seorang Kristen sehingga pemikiran ini terdengar aneh. Pahamilah bahwa pekerjaan Tuhan dalam memberikan kehidupan dan terang-Nya, terjadi di dalam hati, tempat yang lebih dalam dari semua pikiran-pikiran kita. Selama hati kita tidak yakin akan kehendak Tuhan, kita tidak akan bersukacita dalam mengerjakan ketaatan. Percayalah dengan teguh bahwa Bapa di surga benar-benar bersedia memberitahukan kehendak-Nya atasmu. Andalkanlah Tuhan dalam hal ini. Berharaplah dengan yakin!

3. Mengingat sifat kedagingan kita yang jahat dan penuh tipu muslihat, mintalah kepada Tuhan dengan sungguh-sungguh supaya Roh Kudus menyelidiki dan menginsafkanmu. Mungkin ada banyak hal yang sudah terbiasa kita anggap sah, tetapi ternyata tidak dianggap demikian oleh Tuhan. Ketika kita menganggap suatu hal sebagai kehendak Tuhan hanya karena anggapan diri kita sendiri dan orang lain, maka bisa saja itu akan menghalangi kita untuk mengetahui kehendak-Nya yang lain. Bawalah semuanya, jangan tahan apa pun, kepada penghakiman firman Tuhan–yang dijelaskan dan diterapkan oleh Roh Kudus. Nantikanlah Tuhan hingga Ia memimpin kita kepada kesadaran bahwa semua yang ada pada kita dan semua yang kita lakukan berkenan di hadapan-Nya.

Tentang Taat Sampai Mati

Sebenarnya ada aspek lebih dalam dan lebih spiritual yang belum saya singgung mengenai ketaatan sampai mati. Hal ini pada dasarnya tidak muncul di masa-masa awal kehidupan Kristiani kita, tetapi setiap orang percaya harus tahu hak istimewa yang menunggunya. Ketaatan yang sepenuh hati akan membawa orang percaya kepada suatu kesadaran bahwa ketaatan memimpin kepada kematian, sama seperti yang yang telah terjadi dengan Tuhannya.

Mari kita lihat apa artinya ini. Semasa hidup-Nya, Yesus telah melakukan perlawanan yang sempurna dalam melawan dosa dan dunia ini, tetapi kebebasan puncak-Nya dari semua godaan dan kemenangan-Nya atas kuasa mereka–ketaatan-Nya–belum lengkap sampai akhirnya Dia mati atas kehidupan duniawi dan dosa. Dalam kematian-Nya, Yesus menyerahkan nyawa-Nya dalam kepasrahan yang penuh ke dalam tangan Bapa. Yesus menunggu Bapa untuk membangkitkan-Nya dari kematian. Yesus menerima kehidupan-Nya yang baru dan kemuliaan-Nya yang penuh lewat kematian. Hanya lewat kematian, dengan menyerahkan kehidupan yang dimiliki-Nyalah ketaatan bisa memimpin-Nya kepada kemuliaan Tuhan.

Bersama-sama dengan Kristus, setiap orang percaya juga memiliki bagian dalam kematian atas dosa ini. Ketika lahir baru, kita dibaptis ke dalam kematian itu oleh Roh Kudus. Namun, karena ketidaktahuan dan rasa tidak percaya, kita mungkin belum pernah mengalami kematian total terhadap dosa. Ketika Roh Kudus menyatakan warisan yang kita miliki di dalam Kristus, lalu kita meraihnya dengan iman, maka Roh Kudus akan mengerjakan di dalam kita suatu kodrat yang sama dengan kodrat yang telah menginspirasi Kristus dalam kematian-Nya.

Bagi Kristus, ketaatan sampai mati berarti bahwa Ia benar-benar mati dari kehidupan-Nya sendiri dan menyerahkan Roh-Nya dengan rela ke tangan Bapa. Ini adalah penggenapan dari perintah Bapa supaya Yesus menyerahkan nyawa-Nya ke tangan Bapa. Dengan melupakan diri sepenuhnya di dalam kematian, Yesus memasuki kemuliaan Bapa.

Ke dalam persekutuan inilah orang-orang percaya dibawa. Kita menyadari bahwa dalam ketaatan kita yang paling sempurna sekalipun, masih ada unsur-unsur rahasia yang mengandung ego dan kehendak pribadi. Kita rindu untuk dibebaskan darinya. Lalu firman Tuhan mengajari kita bahwa keselamatan hanya bisa diperoleh lewat kematian. Roh Kudus membantu kita untuk mengklaim hak penuh kita, yaitu bahwa di dalam Kristus, kita memang sudah mati terhadap dosa, dan bahwa kuasa kematian Kristus itu sanggup bekerja dengan perkasa di dalam kita. Kita dibuat bersedia untuk taat sampai mati dan menyangkal diri, sehingga kita benar-benar mati dan tidak ada lagi. Di sinilah kita menemukan pintu masuk ke dalam kehidupan Kristus.

Pelajaran tertinggi yang harus kita pelajari dalam ketaatan adalah menyadari perlunya penyangkalan diri yang total, kemudian dibuat bersedia untuk melakukannya, lalu dipimpin ke dalam pengosongan diri yang total dan kerendahan hati Tuhan kita, Yesus Kristus. Itulah ketaatan sampai mati yang menyerupai ketaatan Kristus. Tidak ada ruang untuk menuliskan lebih banyak lagi tentang ini. Saya kira baik untuk mengatakan bahwa pada waktunya, Tuhan sendirilah yang akan mengajari mereka yang benar-benar setia dalam ketaatannya.

Mengenai Suara Hati Nurani

Dalam upaya mengetahui kehendak Tuhan, kita harus memahami dan memberikan tempat yang sesuai bagi hati nurani. Ada ribuan hal kecil yang benar atau salahnya bisa kita pelajari dari hukum alam atau dari pendidikan yang kita terima, tetapi sayangnya, banyak orang Kristen—yang bersungguh-sungguh sekalipun—tidak merasa harus menaatinya. Tetapi ingatlah, jika Anda tidak setia pada hal-hal kecil, siapa yang akan memberikan tanggung jawab lebih besar kepada Anda? Tentu saja bukan Tuhan.

Jika suara hati nurani memberitahu bahwa ada tindakan lain yang lebih mulia atau lebih baik, tetapi Anda memilih jalan yang lain karena itu lebih mudah atau lebih menyenangkan, maka Anda sedang membuat dirimu sendiri tidak siap untuk menerima pengajaran Roh Kudus karena Anda tidak menaati suara Tuhan yang ada di alam. Keinginan yang kuat untuk selalu melakukan hal yang benar dan yang terbaik, seperti yang diberitahukan oleh hati nurani, adalah keinginan untuk melakukan kehendak Tuhan.

Paulus menulis, *Aku tidak berdusta. Suara hatiku turut bersaksi dalam Roh Kudus* (Roma 9:1). Roh Kudus berbicara lewat hati nurani. Jika Anda tidak menaati, tetapi justru melukai hati nurani, maka Anda sendiri yang membuatnya menjadi mustahil bagi Tuhan untuk berbicara kepada Anda. Ketaatan pada kehendak Tuhan ditunjukkan dengan sikap yang lembut terhadap suara hati nurani. Hal ini berlaku dalam hal makan dan minum, tidur dan istirahat, membelanjakan uang dan mencari kesenangan, serta segala hal–letakkanlah semuanya di bawah ketundukan pada kehendak Tuhan.

Ini akan membawa kita kepada poin penting lain dalam pembahasan hati nurani. Jika Anda ingin menghidupi sebuah ketaatan yang sejati, berhati-hatilah dalam menjaga hati nurani yang baik di hadapan Tuhan. Jangan pernah dengan sengaja melakukan apa pun yang bertentangan dengan pikiran Tuhan. George Muller mengaitkan semua kebahagiaannya selama tujuh puluh tahun pada satu hal berikut–bersamaan dengan kecintaan-Nya pada firman Tuhan.[3] Dia telah mempertahankan

---

3   George Müller (1805-1898) adalah seorang penginjil asal Inggris. Ia juga seorang pendeta, pendidik, penulis, dan sebagainya. Ia dikenal karena menjalankan sekolah dan panti asuhannya dengan iman, seperti yang dideskripsikan, misalnya, dalam autobiografinya.

hati nurani yang baik dalam segala hal, dengan tidak melakukan hal-hal yang ia tahu bertentangan dengan kehendak Tuhan.

Hati nurani adalah pengawas atau monitor yang diberikan Tuhan kepadamu untuk memperingatkan jika ada sesuatu yang salah. Selama hati nurani memberikanmu terang dalam satu hal, jangan pernah abaikan terang itu. Mintalah pada Tuhan–lewat pengajaran akan kehendak-Nya–untuk menerangi hati nuranimu lebih lagi. Berusahalah supaya hati nurani menunjukkan bahwa Anda telah bertindak sesuai dengan terang yang diberikannya. Hati nurani akan menjadi penyemangat, penolong, dan pemberi keyakinan bahwa ketaatanmu telah diterima dan doa-doamu untuk mengetahui lebih banyak kehendak Tuhan sudah didengar oleh-Nya.

Mengenai Ketaatan pada Hukum dan Ketaatan karena Injil

Bahkan setelah mengambil ikrar ketaatan, kita masih harus membedakan dua jenis ketaatan, yaitu ketaatan pada hukum dan ketaatan karena Injil. Sebagaimana halnya ada dua Perjanjian–Perjanjian Lama dan Perjanjian Baru–demikian juga ada dua jenis agama dan dua cara melayani Tuhan. Inilah yang dibicarakan Paulus dalam Kitab Roma, ketika dia berkata: *Kamu tidak akan dikuasai lagi oleh dosa, karena kamu tidak berada di bawah hukum Taurat, tetapi di bawah kasih karunia* (Roma 6:14). Paulus juga berbicara mengenai kita yang *telah dibebaskan dari hukum Taurat, sehingga kita sekarang melayani dalam keadaan baru menurut Roh dan bukan dalam keadaan lama menurut hukum Taurat* (Roma 7:6). Lalu ia mengingatkan kita: *Kamu tidak menerima roh perbudakan yang membuat kamu menjadi takut lagi; tetapi kamu telah menerima Roh yang menjadikan kamu anak Allah* (Roma 8:15).

Tiga ayat di atas menunjukkan bahaya yang dialami oleh

orang Kristen yang bersikap seolah-olah mereka masih hidup di bawah hukum Taurat serta melayani dalam keadaan lama menurut hukum Taurat dan roh perbudakan. Penyebab utama lemahnya kehidupan banyak orang Kristen adalah karena mereka hidup di bawah hukum Taurat dan bukan di bawah kasih karunia. Mari kita lihat apa perbedaan keduanya:

- Apa yang dituntut hukum Taurat dari kita sudah dijanjikan dan dilakukan oleh kasih karunia.

- Hukum Taurat terkait dengan apa yang harus kita lakukan, tidak peduli apakah kita sanggup melakukannya, dan ia mendorong kita untuk berusaha sekuat tenaga dengan membangkitkan rasa takut atau kasih kita. Hukum tidak memberikan kekuatan yang nyata, jadi ia hanya memimpin kita kepada kegagalan dan penghukuman. Kasih karunia menunjukkan apa yang tidak bisa kita lakukan, lalu ia menawarkan untuk melakukannya di dalam kita dan untuk kita.

- Hukum Taurat datang dengan perintah-perintah di atas batu atau di dalam sebuah buku. Kasih karunia datang dalam seorang Pribadi yang hidup dan penuh kasih karunia yang memberikan kehadiran dan kekuatan-Nya kepada kita.

- Hukum menjanjikan kehidupan jika kita taat. Kasih karunia memberi kita kehidupan lewat Roh Kudus, dengan jaminan bahwa kita akan taat.

Kodrat manusia sangat rentan untuk berbalik dari kasih karunia ke hukum Taurat, dan diam-diam mencoba untuk melakukan yang terbaik dengan kekuatannya sendiri. Janji yang diberikan lewat kasih karunia bersifat sangat Ilahi dan apa yang hendak dilakukan Roh Kudus di dalam kita sangatlah luar biasa, sehingga sangat sedikit orang yang mau memercayainya. Itulah alasan mereka tidak pernah berani untuk mengambil ikrar ketaatan atau mungkin mereka sudah pernah mengambilnya, tetapi kemudian berbalik lagi.

Saya mendesak Anda untuk mempelajari ketaatan Injili dengan baik. Injil adalah kabar baik. Ketaatan adalah bagian dari kabar baiknya–bahwa kasih karunia Roh Kuduslah yang akan mengerjakan ketaatan itu di dalam kita. Percayalah! Biarlah semua upayamu untuk taat menjadi sebuah pengharapan yang penuh sukacita! Sukacita yang berasal dari iman akan kasih karunia yang berlimpah, akan Roh Kudus yang hidup di dalam kita dengan perkasa, dan akan kasih Kristus yang akan membuat ketaatan menjadi mungkin dan pasti karena kehadiran-Nya di dalam kita.

Tentang Ketaatan Kasih

Ini adalah salah satu aspek istimewa dan yang paling indah dari ketaatan Injili. Kasih karunia yang berjanji untuk mengerjakan semuanya lewat Roh Kudus adalah pemberian dari kasih abadi Tuhan. Tuhan Yesus–yang bertanggung jawab atas ketaatan kita; yang mengajari kita; dan yang memberikan ketaatan itu kepada kita lewat kehadiran-Nya–adalah Dia yang mengasihi kita sampai mati dengan kasih yang tidak terselami. Tidak ada yang bisa menerima atau mengenal kasih selain hati yang mengasihi. Hati yang mengasihi inilah yang membuat kita bisa mengasihi. Ketaatan adalah respon kasih terhadap kasih Tuhan yang bersemayam di dalam kita, dan itulah satu-satunya jalan untuk menikmati kasih Tuhan secara lebih dalam.

Betapa Tuhan kita menekankan ketaatan di dalam kata-kata perpisahan-Nya! Dia mengulanginya sebanyak tiga kali di Yohanes 14: *Jikalau kamu mengasihi Aku, kamu akan menuruti segala perintah-Ku* (ayat 15); *Barangsiapa memegang perintah-Ku dan melakukannya, dialah yang mengasihi Aku* (ayat 21); *Jika seorang mengasihi Aku, Ia akan menuruti firman-Ku* (ayat 23). Apakah belum jelas bahwa hanya kasihlah yang sanggup memberikan ketaatan yang diminta Yesus dari kita, dan bahwa hanya kasihlah yang bisa membuat kita menerima berkat yang diberikan Yesus atas ketaatan? Ketaatan karena kasih akan memberi kita akses kepada karunia Roh Kudus, kasih Bapa, kasih Roh Kudus dan manifestasi diri-Nya yang akan tetap tinggal di dalam kita.

Dalam pasal berikutnya di Kitab Yohanes, Yesus membicarakan ketatan kasih dari sisi yang lain. Yesus menunjukkan bahwa ketaatan memimpin kita untuk menikmati kasih Tuhan: *Jikalau kamu menuruti perintah-Ku, kamu akan tinggal di dalam kasih-Ku, seperti Aku menuruti perintah Bapa-Ku dan tinggal di dalam kasih-Nya* (Yohanes 15:10). Dia membuktikan kasih-Nya dengan memberikan kehidupan-Nya bagi kita. Kita adalah sahabat Yesus jika kita menaati Dia. *Aku menyebut kamu sahabat, karena Aku telah memberitahukan kepada kamu segala sesuatu yang telah Kudengar dari Bapa-Ku* (Yohanes 15:15).

Kita akan menikmati kasih Tuhan jika kita melakukan perintah-Nya. Ketaatan adalah satu-satunya pengait yang mutlak diperlukan untuk mengaitkan kasih Tuhan–yang terlebih dahulu mengasihi kita–dengan respon kita atas kasih-Nya; juga untuk mengaitkan kasih kita kepada Tuhan dengan respon kasih-Nya–yang lebih besar lagi. Ketaatan yang utuh dan sejati adalah suatu hal yang mustahil dicapai, kecuali jika kita mengasihi Tuhan. *Inilah kasih kepada Allah, yaitu, bahwa kita menuruti perintah-perintah-Nya* (1 Yohanes 5:3).

Berhati-hatilah terhadap ketaatan kepada hukum, atau terhadap upaya mengejar ketaatan sebagai sebuah kewajiban. Mintalah supaya Tuhan menunjukkan *hidup baru* (Roma 6:4) yang Anda butuhkan untuk memiliki ketaatan yang baru dan sempurna. Klaimlah janji ini: *TUHAN, Allahmu akan menyunat hatimu, dan hati keturunanmu, sehingga engkau mengasihi TUHAN, Allahmu, dengan segenap hatimu dan dengan segenap jiwamu...Sebab itu engkau harus mendengarkan suara TUHAN, Allahmu* (Ulangan 30:6; 27:10).

Percayalah pada kasih Tuhan dan kasih karunia Yesus Kristus. Percayalah pada Roh Kudus yang diberikan ke dalammu, yang akan memampukanmu untuk mengasihi, sehingga Anda akan berjalan di dalam ketetapan-ketetapan Tuhan. Dengan kekuatan iman ini dan dalam jaminan karunia yang cukup, yang disempurnakan dalam kelemahan, masuklah ke dalam kasih Tuhan dan ke dalam ketaatan yang akan dikerjakan oleh kasih-Nya. Tidak ada yang bisa memperlengkapimu untuk hidup dalam ketaatan yang terus berlanjut selain kasih Kristus yang dinyatakan dalam kehadiran-Nya.

Apakah Ketaatan itu Mungkin?

Saya akan menutup bab ini dengan, sekali lagi, memberikan penekanan yang lebih keras atas pertanyaan berikut: apakah ketaatan itu mungkin? Jawaban atas pertanyaan ini adalah akar yang akan menentukan kehidupan kita. Pikiran tersembunyi dan setengah tidak sadar yang mengatakan bahwa kehidupan yang selalu menyenangkan hati Tuhan itu berada di luar jangkauan merupakan hal yang menggerogoti akar kekuatan kita. Saya mendesak Anda untuk menjawab pertanyaaan ini dengan yakin.

Jika setelah mengetahui karunia yang disediakan Tuhan bagi ketaatan–akan janji-Nya untuk mengerjakan semua yang menyenangkan hati-Nya di dalammu; akan janji-Nya untuk memberikanmu hati yang baru; dan bahwa Putra serta Roh-Nya akan tinggal di dalammu–Anda masih juga meragukan apakah ketaatan itu mungkin, berdoalah kepada Tuhan supaya Ia membuatmu mengetahui kehendak-Nya. Jika pikiranmu sudah yakin dan bahkan sudah menyetujui kebenaran itu secara teoretis, masih ada juga ketakutan untuk menyerahkan diri kepada kehidupan yang taat, nasihat saya untuk Anda tetap sama, berdoalah supaya Tuhan membuka matamu, sehingga Anda akan mengetahui kehendak-Nya atas kehidupanmu.

Berhati-hatilah, jangan sampai ketakutan untuk menyerahkan terlalu banyak hal, ketakutan untuk menjadi terlalu berbeda, dan ketakutan untuk sepenuhnya hidup bagi Tuhan menghalangimu untuk percaya. Berhati-hatilah, jangan sampai Anda hanya mencari Kekristenan secukupnya untuk menenangkan hati nurani, tetapi tidak memiliki keinginan untuk memberikan kepada Tuhan semua yang layak diterima-Nya. Di atas segalanya, berhati-hatilah, jangan sampai Anda membatasi Tuhan dan menjadikan Dia pendusta dengan menolak untuk percaya pada apa yang dikatakan-Nya bisa dan akan Dia lakukan.

Jika Anda ingin mendapatkan manfaat dari pembelajaran kita di dalam sekolah ketaaan ini, jangan berhenti sampai Anda sanggup menuliskan ini: menaati Tuhan setiap hari, yaitu melakukan semua kehendak-Nya atas kehidupanku adalah suatu hal yang mungkin untuk kulakukan. Di dalam kekuatan-Nya, aku menyerahkan diriku kepada Kristus karena Dia yang akan mengerjakan ketaatan itu di dalamku.

Namun, ingatlah bahwa ini hanya akan berhasil dengan satu syarat. Kuncinya tidak terletak pada kekuatan komitmen yang Anda buat, tetapi hanya jika Anda mengalami kehadiran Kristus yang tak ada putusnya dan menerima pengajaran Roh yang penuh karunia dan kuasa. Kristus, Anak Allah yang taat itu, hidup di dalammu. Dialah yang akan memastikan ketaatanmu. Ketaatan, bagi Anda, akan menjadi sebuah kehidupan yang penuh kasih dan sukacita di dalam persekutuan dengan Tuhan.

Bab 8

Ketaatan pada Amanat Agung

Karena itu pergilah, jadikanlah semua bangsa murid-Ku (Matius 28:19).

Pergilah ke seluruh dunia, beritakanlah Injil kepada segala makhluk (Markus 16:15).

Sama seperti Engkau telah mengutus Aku ke dalam dunia, demikian pula aku telah mengutus mereka ke dalam dunia (Yohanes 17:18).

Tetapi kamu akan menerima kuasa. Kalau Roh Kudus turun ke atas kamu, dan kamu akan menjadi saksi-Ku...sampai ke ujung bumi (Kisah Para Rasul 1:8).

Semua ayat-ayat di atas mengembuskan suatu semangat penaklukan dunia. *Segala bangsa, seluruh dunia, segala makhluk, sampai ke ujung dunia*–setiap ekspresi ini menunjukkan hasrat hati Kristus untuk mengklaim kekuasaan-Nya yang sah atas dunia yang sudah ditebus dan dimenangkan untuk diri-Nya ini. Dan Yesus mengandalkan murid-murid-Nya untuk melaksanakan pekerjaan itu. Sebelum naik ke surga dan bertakhta di sana, Yesus bersabda kepada murid-murid-Nya: *Kepada-Ku telah diberikan segala kuasa di surga dan di bumi* (Matius 28:19), lalu Dia langsung mengarahkan mereka ke *seluruh dunia* dan *sampai ke ujung dunia* sebagai objek dari hasrat dan pekerjaan yang ingin Dia kerjakan bersama murid-murid-Nya.

Sebagai seorang Raja yang bertakhta, Yesus sendirilah yang akan jadi penolong bagi murid-murid-Nya. Kata Yesus kepada mereka: *Aku menyertai kamu senantiasa* (Matius 28:20). Murid-murid Yesus itu menjadi garda depan dalam pasukan penakluk Kristus yang harus bertempur hingga ke ujung dunia. Yesus sendiri juga akan bertempur dalam perjuangan itu. Yesus menginspirasi murid-murid-Nya dengan jaminan kemenangan dan dengan menunjukkan bahwa perkara ini merupakan satu-satunya hal yang layak diperjuangkan hingga titik darah penghabisan–memenangkan kembali dunia ini bagi Tuhan.

Yesus Kristus tidak hanya sekadar mengajar, memperdebatkan, meminta, atau memohon kepada murid-murid-Nya, tetapi Dia memerintahkan mereka untuk menaati-Nya. Yesus telah melatih murid-murid-Nya untuk taat. Yesus telah mengikatkan mereka ke diri-Nya dengan kasih yang akan memampukan mereka untuk taat. Yesus telah mengembuskan Roh kebangkitan-Nya kepada mereka. Dia bisa mengandalkan murid-murid-Nya. Karena itulah Yesus berani memerintahkan mereka untuk *pergi ke seluruh dunia*. Sebelum Yesus naik ke surga, murid-murid-Nya sudah sering mengungkapkan keraguan mengenai kesanggupan mereka untuk melakukan perintah Tuhan. Akan tetapi, ketika Yesus mengucapkan Amanat Agung yang Ilahi itu dengan sederhana dan tenang, mereka menerimanya.

Segera setelah Yesus naik ke surga, murid-murid-Nya langsung pergi ke tempat yang sudah ditentukan Yesus. Di tempat itu mereka menunggu kuasa surgawi yang akan diberikan Yesus kepada mereka. Kuasa itulah yang akan mempersiapkan mereka untuk melakukan Amanat Agung dari Yesus, yaitu membuat semua bangsa menjadi murid-Nya. Murid-murid itu menerima perintah Yesus dan mengajarkannya pula kepada orang lain yang percaya kepada-Nya lewat pemberitaan mereka. Dalam satu generasi, orang-orang sederhana yang tidak kita ketahui namanya telah memberitakan kabar baik akan Yesus Kristus di Antiokia, Roma, dan wilayah-wilayah lainnya. Amanat Agung Yesus itu terus diberitakan, lalu masuk ke dalam hati dan kehidupan banyak orang, sebagaimana perintah itu memang diberikan untuk setiap murid Kristus dalam segala usia.

Amanat agung itu juga diberikan kepada kita semua. Di dalam Gereja Kristus, tidak ada satu kelompok istimewa yang secara otomatis langsung mendapat kemuliaan dari Tuhan, juga tidak ada kelompok inferior yang memikul sendiri semua tanggung jawab pemberitaan Injil kepada segala makhluk. Kehidupan yang diimpartasikan Kristus ke dalam kita adalah kehidupan-Nya sendiri. Roh yang diembuskan-Nya adalah Roh-Nya sendiri. Satu-satunya kodrat yang dikerjakan-Nya di dalam kita adalah kasih-Nya yang rela berkorban. Semua anggota tubuh Kristus yang memiliki hubungan sehat dengan-Nya pastilah akan merasa terdesak untuk membagikan apa yang sudah diterimanya dari Kristus. Ini adalah bagian dari keselamatan Kristus itu sendiri.

Amanat Agung bukan sebuah hukum yang menekan seseorang dari luar. Amanat Agung adalah iluminasi mengenai sebuah kebenaran yang sangat menakjubkan, bahwa kita adalah tubuh Kristus, bahwa kini kita menduduki posisi-Nya di bumi, dan bahwa kita sedang meneruskan kehendak dan kasih-Nya di dalam pekerjaan yang telah dimulai-Nya. Iluminasi inilah yang membuat kita melakukan perintah itu secara sadar dan sukarela. Sebagai penerus Kristus, kini kita hidup untuk memuliakan Bapa dengan memenangkan kembali dunia yang tersesat ini kepada-Nya.

Betapa Gereja sudah gagal dalam mematuhi Amanat agung! Berapa banyak orang Kristen di luar sana yang bahkan tidak mengetahui keberadaan perintah ini! Berapa banyak yang sudah pernah mendengarnya, tetapi tidak berkomitmen untuk menaatinya! Berapa banyak yang berusaha menaatinya, tetapi hanya dengan cara yang cocok dan dalam kadar yang nyaman bagi mereka. Kita sudah mempelajari apa itu ketaatan. Kita telah menyatakan bahwa kita akan menaati Tuhan dengan sepenuh hati. Kalau begitu, tentu saja kita sudah siap untuk mendengarkan dengan senang hati, apa pun yang dapat membantu kita untuk memahami dan melakukan perintah Tuhan kita yang terakhir dan yang agung: *Beritakanlah Injil kepada segala makhluk* (Markus 16:15). Saya akan menuliskan hal-hal yang ingin saya sampaikan di sini ke dalam tiga judul sederhana: Terima Perintah-Nya, Serahkan Dirimu Sepenuhnya untuk Melakukan Kehendak Tuhan, Mulailah Hidup untuk Kerajaan-Nya Sekarang Juga.

Terima Perintah-Nya

Ada banyak hal yang membuat perintah ini terasa lemah bagi banyak orang. Ada kesan bahwa perintah yang diberikan kepada banyak orang secara umum tidak sama kuatnya dengan perintah yang diberikan secara personal dan spesifik kepada satu orang. Sebagian orang berpikir bahwa jika orang lain tidak melakukan bagian mereka, maka porsi kesalahan yang ditimpakan kepada kita akan menjadi kecil. Sebagian orang lain berpikir bahwa jika tingkat kesulitan perintahnya sangat besar, maka ketaatan kita tidak bisa dituntut secara mutlak. Yang lain lagi berpikir bahwa selama kita bersedia melakukan yang terbaik yang kita bisa, maka itu saja yang bisa dituntut dari kita.

Saudara, itu bukan ketaatan! Murid-murid Kristus yang pertama tidak menerima Amanat Agung dengan sikap seperti itu. Kita tidak ingin hidup dengan Tuhan dalam sikap yang seperti itu. Kita semua harus mengatakan, "Dengan kasih karunia Tuhan, aku akan hidup bagi kerajaan-Nya, meskipun tidak ada orang lain yang melakukannya."

Untuk sesaat, biarkan kita memisahkan diri dari semua orang lain dan memikirkan hubungan pribadi kita dengan Kristus. Kita adalah anggota tubuh Kristus. Dia mengharapkan semua anggota tubuh-Nya untuk berada dalam posisi yang siap untuk melakukan kehendak Tuhan; untuk digerakkan oleh Roh Kudus; untuk hidup seperti Kristus; dan untuk melakukan apa yang dilakukan-Nya. Demikian halnya yang terjadi dengan tubuh kita. Setiap anggota tubuh yang sehat ada bersama-sama dengan kita setiap hari dan kita bisa mengandalkan mereka untuk melakukan tugasnya masing-masing. Tuhan telah benar-benar mengangkat kita menjadi anggota tubuh-Nya sehingga Dia bisa mengandalkan kita untuk melakukan apa pun, dan kita telah benar-benar menyerahkan diri kita kepada Tuhan sehingga kita tidak menginginkan apa pun lagi selain mengetahui dan melakukan kehendak-Nya.

Selanjutnya, saya akan menggunakan perumpamaan pokok anggur dan ranting-rantingnya (Yohanes 15:1-8). Ranting memiliki satu tujuan yang sama dengan pohonnya–untuk menghasilkan buah. Jika kita memang ranting, maka kita memiliki tujuan yang sama dengan Yesus di dunia ini, yaitu hanya untuk menghasilkan buah dan sepenuhnya menghasilkan buah, untuk hidup dan bekerja bagi keselamatan umat manusia.

Berikut ada sebuah ilustrasi yang lain. Kristus telah membeli kita dengan darah-Nya. Jiwa kita telah ditebus dan dimenangkan oleh darah Kristus; sudah diserahkan dan terikat dengan-Nya di dalam kasih. Kita adalah milik Kristus, dan Dia bisa memakai kita dan melakukan apa pun terhadap kita sesuai dengan kehendak-Nya. Kristus memiliki kita dengan hak milik Ilahi, Roh Kudus-Nya bekerja di dalam kita dengan kekuatan yang kekal, dan kita telah sepakat bahwa kita akan hidup sepenuhnya bagi kerajaan Tuhan dan melayani Dia. Inilah sukacita dan kemuliaan kita.

Seseorang dapat melayani atau memberikan uangnya kepada orang lain dengan dua cara yang berbeda. Ada seorang budak yang menghasilkan banyak uang lewat bisnisnya dan semua uang yang dihasilkannya itu menjadi hak milik tuannya. Tuan itu memperlakukan budaknya dengan baik. Tidak butuh waktu lama sampai budak itu bisa membeli kebebasannya dengan penghasilan yang diberikan sang tuan. Namun, suatu hari, tuan itu jatuh miskin dan ia meminta bantuan pada orang yang dulu menjadi budaknya. Orang itu tidak hanya sanggup, tetapi juga bersedia untuk menolong mantan tuannya itu dengan dermawan, sebagai ungkapan terimakasih atas kebaikannya dulu.

Sekarang Anda bisa melihat perbedaan ketika orang itu memberikan uang dan melayani sang tuan ketika dia masih berstatus sebagai budak dan ketika ia memberikan hadiah kepada mantan tuannya saat ia sudah menjadi orang bebas. Ketika ia masih menjadi budak, ia menyerahkan segalanya karena memang semua uang yang dihasilkannya itu–bahkan dirinya sendiri–adalah milik sang tuan. Akan tetapi, ketika ia sudah bebas, dia hanya memberikan apa yang ingin diberikannya.

Dengan perilaku yang mana kita harus menyerahkan kehidupan kita kepada Kristus? Saya khawatir akan banyak sekali orang yang memberikan sesuatu kepada Kristus dengan sikap seolah-olah mereka bebas memilih sesuai dengan keinginan atau kesanggupannya sendiri. Orang percaya yang sudah menerima iluminasi dari Roh Kudus mengenai hak yang dimiliki oleh darah penebusan Kristus, akan merasa senang ketika mengetahui bahwa dia adalah hamba terhadap kasih penebusan Kristus. Orang itu akan meletakkan semua yang dia punya di kaki Tuannya, karena–bahkan–dirinya sendiri pun adalah milik Kristus.

Pernahkah Anda berpikir bagaimana murid-murid Kristus menerima Amanat Agung dengan begitu mudah dan sepenuh hati? Mereka baru saja datang dari Golgota, tempat mereka telah melihat darah Kristus. Mereka telah bertemu dengan Kristus yang dibangkitkan, dan Kristus telah mengembuskan Roh-Nya kepada mereka. Selama empat puluh hari di bumi, *Ia telah memberi perintah-Nya oleh Roh Kudus kepada rasul-rasul yang dipilih-Nya* (Kisah Para Rasul 1:2). Yesus adalah Juru Selamat, Tuan, Kawan dan Tuhan bagi mereka. Perkataan-Nya adalah kekuatan Ilahi dan mereka tidak bisa tidak menaatinya.

Oh, marilah kita sujud di kaki Yesus dan bergantung pada Roh Kudus untuk menyatakan dan mengklaim hak-Nya atas kehidupan kita. Dan marilah kita–dengan menanggalkan semua keraguan–menerima perintah Kristus itu dengan sepenuh hati sebagai satu-satunya tujuan hidup kita: beritakanlah kabar baik kepada segala makhluk!

Bersiaplah untuk Melakukan Semua Kehendak Tuhan

Amanat agung Kristus yang terakhir sudah terlalu sering dijadikan slogan misi luar negeri sehingga banyak orang yang menganggap bahwa perintah itu hanya berlaku bagi misi luar negeri saja. Ini adalah kesalahan fatal. Perkataan Tuhan kita: *Karena itu pergilah dan jadikanlah semua bangsa murid-Ku...dan ajarlah mereka melakukan segala sesuatu yang telah Kuperintahkan kepadamu* (Matius 18:19-20), memberitahu apa yang harus menjadi tujuan kita. Tujuan kita tidak boleh kurang dari memberitakan kabar baik kepada semua orang, menjadikan semua bangsa murid Kristus dan hidup dalam ketaatan kudus kepada semua kehendak-Nya.

SEKOLAH KETAATAN

Betapa besarnya pekerjaan yang harus dilakukan gereja atau komunitas-komunitas Kristen sampai bisa dikatakan bahwa perintah itu sudah terlaksana! Betapa semua gereja, dengan semua orang percaya di dalamnya, harus menyadari bahwa satu-satunya alasan atas keberadaannya adalah untuk melakukan pekerjaan ini! Misi dan gairah setiap orang yang sudah ditebus Kristus haruslah untuk membawa kabar baik akan keselamatan Kristus dengan konsisten kepada semua makhluk. Untuk alasan inilah Roh Kudus dan kehidupan Kritus diberikan ke dalam kita.

Jika ada satu hal yang perlu dikhotbahkan dengan kuasa Roh Kudus, maka itu adalah kewajiban mutlak setiap anak Tuhan untuk segera memberikan dirinya secara utuh kepada Kristus, Sang Tuan, dan bukan hanya berpartisipasi dalam pekerjaan-pekerjaan yang terasa cocok dan terjangkau oleh mereka. Kita wajib menyerahkan diri untuk dibimbing dan dipakai oleh Tuhan sesuai dengan kehendak-Nya. Oleh karena itu, saya ingin mengatakan kepada semua orang percaya yang sudah berikrar untuk memberikan ketaatan mutlak kepada Kristus (dan beranikah kita menyebut diri sebagai pengikut Kristus jika belum melakukan ini?): serahkanlah dirimu yang seutuhnya saat ini juga untuk melakukan kehendak Tuhan. Sama seperti hukum yang terutama berlaku bagi semua umat Tuhan: *Kasihilah TUHAN, Allahmu, dengan segenap hatimu* (Ulangan 6:5), Amanat Agung juga berlaku bagi semua umat Tuhan: *beritakanlah Injil kepada segala makhluk* (Markus 16:15).

Sebelum Anda mengetahui jenis pekerjaan yang akan Anda lakukan, atau sebelum Anda merasakan keinginan khusus, maupun panggilan atau kesiapan untuk suatu pekerjaan–jika Anda memang sudah bersedia untuk menerima perintah Tuhan–bersiaplah untuk melakukan apa pun kehendak-Nya. Sebagai Tuan, Kristus berperan untuk melatih, mempersiapkan, membimbing, dan menggunakanmu. Jangan takut, datanglah sekarang juga dan keluarlah dari egoisnya kehidupan agamawi yang mengutamakan kehendak dan kenyamanan pribadi. Keluarlah dari kehidupan agamawi yang hanya memberikan Kristus apa yang Anda pikir layak diterima-Nya. Biarlah Sang Tuan mengetahui bahwa Dia memiliki Anda sepenuhnya. Daftarkan diri Anda sekarang juga untuk menjadi relawan dalam pekerjaan Kristus.

Beberapa tahun belakangan, Tuhan telah memenuhi hati kita dengan sukacita dan ucapan syukur karena apa yang dikerjakan-Nya lewat *The Student Volunteer Movement*.[4] Gerakan ini telah membawa berkat, baik bagi Gereja maupun dunia yang terhilang. Terkadang saya merasa bahwa hanya ada satu hal lagi yang diperlukan untuk menyempurnakan pekerjaannya. Orang-orang perlu mendaftarkan diri untuk menjadi relawan di kampung halamannya, untuk menunjukkan bahwa keseriusan dan pengabdian dalam misi luar negeri sebenarnya sama intensifnya dengan pengabdian yang diminta Kristus dari semua orang yang telah ditebus-Nya untuk bekerja bagi keselamatan dunia.

Betapa kalimat ini telah memberkati kehidupan ribuan orang, "Jika Tuhan mengizinkan, aku akan akan menjadi seorang misionaris ke luar negeri." Menjadi misionaris ke luar negeri telah membantu ribuan orang itu untuk menaati Amanat Agung, dan *Student Volunteer Movement* telah menjadi sebuah bagian penting dalam sejarah kehidupan mereka. Betapa diberkatinya, jika mereka yang tidak akan pernah bisa pergi ke luar negeri, atau mereka yang berpikir demikian karena belum pernah menanyakannya kepada Tuhan, bersedia membuat sebuah komitmen sederhana: "Dengan kasih karunia Tuhan, aku akan memberikan seluruh kehidupanku untuk melayani kerajaan Kristus!"

---

4   *The Student Volunteer Movement for Foreign Mission* dimulai tahun 1886 untuk mendorong keterlibatan mahasiswa dalam misi luar negeri.

Meninggalkan kampung halaman dan pergi ke luar negeri adalah sebuah keuntungan bagi relawan asing karena perjuangan yang harus mereka bayar. Selain itu, mereka juga harus meninggalkan segala hal yang berpotensi menghalangi mereka dalam mematuhi Amanat Agung Kristus. Relawan yang tinggal di rumah harus tinggal di mana Tuhan memangggil mereka dan mungkin mereka memang tidak membutuhkan perpisahan eksternal seperti yang dialami oleh para misionaris asing. Mereka yang tinggal di rumah mungkin akan lebih terbantu dengan komitmennya kepada Tuhan, baik yang diucapkan secara pribadi maupun yang dibagikan juga kepada orang lain. Roh Kudus bisa membuat komitmen itu menjadi sebuah titik balik yang akan membawa mereka kepada sebuah pengabdian total kepada Tuhan.

Murid-murid sekolah ketaatan, pelajarilah Amanat Agung Tuhan kita dengan baik. Terimalah amanat itu dengan segenap hatimu. Bersiaplah untuk melakukan apa pun yang diminta Tuhan.

Mulailah Ketaatanmu Sekarang Juga

Di dalam situasi apa pun Anda berada, adalah sebuah kehormatan jika di sekitar Anda terdapat jiwa-jiwa yang bisa dimenangkan bagi Kristus. Tak terhitung jumlah pelayanan Kristen di sekitar yang mengundang Anda untuk membantu mereka dan yang menawarkan bantuannya kepada Anda. Pandanglah diri Anda sebagai orang yang sudah ditebus Kristus untuk melayani Dia. Ingatlah bahwa Anda sudah diberkati dengan Roh Kudus yang akan mengerjakan karakter-karakter Kristus di dalam Anda. Lalu, dengan rendah hati dan berani, terimalah panggilan Tuhan untuk berpartisipasi dalam pekerjaan besar memenangkan kembali dunia ini kepada-Nya.

Jika Tuhan memimpinmu untuk bergabung ke

organisasi-organisasi yang sudah berdiri atau jika Ia memimpinmu ke jalan yang lebih sepi, ingatlah, jangan sampai Anda menganggap pekerjaan itu semata-mata sebagai pekerjaan gereja, pekerjaan organisasi atau bahkan pekerjaanmu sendiri–tetapi lihatlah itu sebagai pekerjaan Tuhan. Hargailah baik-baik kesadaran bahwa Anda melakukannya untuk Tuhan (Efesus 6:7), bahwa Anda hanyalah seorang hamba yang melakukan perintah Tuannya. Dengan begitu, pekerjaanmu tidak akan menjadi–seperti yang seringkali terjadi–penghalang dalam persekutuanmu dengan Tuhan. Tetapi pekerjaan itu justru akan jadi pengikat yang menyatukanmu dengan Tuhan; dengan kekuatan-Nya dan perkenanan-Nya.

Terlalu gampang bagi kita untuk menyibukkan diri dengan sisi manusiawi pelayanan hingga kita telah menyingkirkan sisi spiritualnya. Kita telah lupa akan kuasa supernatural dan pimpinan langsung Tuhan–di dalam kita dan lewat kita–yang dibutuhkan dalam pelayanan kita, dan yang bisa memenuhi kita dengan sukacita dan harapan surgawi. Lekatkanlah pandanganmu kepada Sang Tuan, kepada Sang Raja, dan kepada takhta-Nya. Sebelum Kristus memerintahkan dan mengarahkan hamba-hamba-Nya ke ladang dunia yang sangat luas itu, Dia terlebih dahulu menarik pandangan mereka kepada diri-Nya dan kepada takhta-Nya: *Kepada-Ku telah diberikan segala kuasa di surga dan di bumi* (Matius 28:18). Iluminasi dan iman akan Kristus yang bertakhta adalah satu pengingat bahwa kita memerlukan kuasa-Nya dan bahwa kuasa Ilahi-Nya itu sanggup untuk melakukan perintah yang diberikan-Nya. Jangan hanya taati perintah yang diberikan-Nya, tetapi taatilah Pribadi-Nya, Tuhan yang hidup, yang mulia dan yang berkuasa. Iman di dalam Dia akan memberikan kekuatan surgawi kepadamu.

Setelah Yesus memerintahkan murid-murid-Nya untuk *mengajar segala bangsa melakukan segala sesuatu yang telah Kuperintahkan kepadamu*, Ia lanjut mengatakan *dan ketahuilah,*

SEKOLAH KETAATAN

Aku menyertai kamu senantiasa sampai kepada akhir zaman (Matius 28:20). Bukan hanya iluminasi bahwa Kristus sedang bertakhta (sungguh iluminasi yang menakjubkan!) yang kita butuhkan, tetapi kita juga memerlukan pribadi Kristus untuk ada bersama-sama dengan kita di bumi ini, dalam kehadiran-Nya yang tetap, bekerja untuk kita dan lewat kita. Gerbang kemenangan Gereja untuk mengalahkan dunia terletak di antara dua pilar janji berikut, yaitu kuasa Kristus di surga dan kehadiran-Nya di bumi. Marilah kita semua mengikuti Pemimpin kita. Terimalah perintah langsung dari-Nya sebagai bagian yang akan kita kerjakan dalam Amanat Agung-Nya. Jangan pernah mendua hati akan ikrar ketaatan yang sudah kita buat, yaitu untuk hidup sepenuhnya bagi Tuhan dan pekerjaan-Nya saja.

Permulaan seperti ini merupakan masa-masa pelatihan, supaya kita mempersiapkan diri sepenuhnya untuk mengetahui dan mengikuti pimpinan Tuhan. Ketika suatu saat Tuhan memanggil kita untuk pergi menjangkau jutaan orang yang terhilang, maka kita sudah siap untuk pergi. Jika Dia belum mengizinkan kita untuk pergi, ketaatan kita di rumah adalah sama lengkapnya dan sama kuatnya dengan kepergian kita. Baik itu di rumah maupun di luar negeri, jika saja jumlah orang-orang yang taat–hamba-hamba ketaatan yang taat sampai mati–sudah terpenuhi, maka Kristus akan memperoleh apa yang selalu didambakan hati-Nya, dan rencana-Nya yang mulia–pemberitaan kabar baik kepada segala makhluk–akan tercapai!

Wahai Anak Allah yang diberkati! Ini aku. Dengan kasih karunia-Mu, kuserahkan kehidupanku untuk melakukan Amanat Agung-Mu. Biarlah hatiku menjadi sama seperti hati-Mu. Biarlah kelemahanku menjadi kekuatan-Mu. Di dalam nama-Mu, aku berikrar untuk ketaatan yang total dan kekal. Amin.

Catatan mengenai Doa Pagi

"Yang dimaksud dengan melakukan doa pagi pada dasarnya adalah menghabiskan setidaknya setengah jam pertama setiap pagi sendirian dengan Tuhan di dalam doa dan pendalaman Alkitab pribadi. Ada orang Kristen yang berkata bahwa mereka tidak punya setengah jam waktu luang untuk melakukan rutinitas spiritual seperti itu. Sungguh fakta yang luar biasa, bahwa orang Kristen yang paling sibuk biasanya justru sangat jarang berdalih dengan alasan tersebut. Sebagian besar dari mereka justru rutin mempraktikkan doa pagi. Siapa pun yang dengan jujur dan tekun melakukan doa pagi selama satu atau dua bulan, akan merasa yakin bahwa itu adalah hal terbaik yang bisa digunakannya dengan waktunya. Praktik doa pagi biasanya tidak akan mengganggu jam kerja rutin, tetapi justru akan mendorong kita untuk menggunakan waktu dengan bijaksana. Pertanyaan praktis untuk setiap kita adalah, kenapa saya tidak melakukan doa pagi? Setelah menerima Kristus sebagai Juru Selamat dan menerima baptisan Roh Kudus, saya tidak tahu apa lagi yang paling menguntungkan bagi orang-orang percaya selain berkomitmen untuk melakukan doa pagi."

Kutipan di atas berasal dari sebuah pidato John R Mott.⁵ Saat pertama kali dibaca, kalimat penutupnya mungkin terkesan sangat keras. Tetapi mari kita pikirkan sejenak apa makna dari iluminasi yang sedemikian rupa itu.

- Itu adalah sebuah keyakinan yang mendalam bahwa satu-satunya cara untuk mempertahankan penyerahan diri kepada Kristus dan Roh Kudus adalah dengan menemui-Nya setiap pagi dan menerima kasih karunia yang diberikan-Nya untuk berjalan di dalam ketaatan sepanjang hari.

- Itu adalah sebuah pengertian betapa bodohnya upaya kita untuk mencoba hidup secara surgawi tanpa membangun persekutuan yang intim dengan Tuhan dan menerima pencurahan berkat-berkat rohani dari-Nya.

- Itu adalah sebuah pengakuan bahwa hanya di dalam persekutuan pribadi dengan Tuhan dan dalam sukacita ketika dekat dengan Dialah, bisa terbukti bahwa kita telah merespon kasih-Nya dan menganggap kedekatan dengan-Nya sebagai sukacita tertinggi.

- Itu adalah iman bahwa jika kita memberikan waktu yang cukup bagi Tuhan untuk menumpangkan tangan-Nya ke atas kita dan memperbarui kuasa Roh-Nya di dalam kita, jiwa kita akan sangat lekat dengan-Nya sehingga tidak akan ada pencobaan atau pekerjaan yang bisa memisahkan kita dari-Nya.

---

5   John R.Mott (1865-1955) adalah seorang penginjil dan misiolog asal Amerika. Dia adalah salah satu orang pertama yang menandatangani ikrar *Student Volunteer Movement* untuk *menjadi seorang misionaris ke luar negeri, jika memang Tuhan menghendakinya*. Mott memenangkan Penghargaan Nobel Perdamaian pada tahun 1946.

- Itu adalah sebuah tujuan untuk hidup sepenuhnya dan hanya untuk Tuhan. Pengorbanan waktu dan kenyamanan adalah bukti bahwa kita bersedia membayar harga berapa pun untuk mendapatkan berkat yang paling baik di antara semua berkat, yaitu kehadiran Tuhan sepanjang hari.

Mari kita lihat lagi kutipan tadi: "Setelah menerima Kristus sebagai Juru Selamat dan baptisan Roh Kudus, saya tidak tahu apa lagi yang paling menguntungkan bagi orang-orang percaya selain berkomitmen untuk melakukan doa pagi." Jika kita benar-benar menerima Kristus sebagai Tuhan dan Juru Selamat kita dengan sepenuh hati dan jika doa kita dalam meminta dan menerima Roh Kudus untuk membimbing dan menguasai kita benar-benar tulus, maka tentu saja kita tidak akan berpikir untuk tidak memberikan Tuhan waktu yang cukup setiap hari–waktu terbaik yang kita miliki– untuk menerima dan menambahkan karunia yang mutlak kita perlukan untuk melayani Tuhan dan untuk hidup bagi kemuliaan-Nya.

Mungkin Anda akan berkata bahwa ada banyak orang Kristen yang puas bersekutu selama sepuluh atau lima belas menit saja dengan Tuhan di pagi hari. Itu memang benar, tetapi biasanya mereka bukan pengikut Kristus yang kuat. *Student Movement Association* telah memohon pada Tuhan, di atas segalanya, supaya Dia sendiri yang datang dan melatih mereka–pria dan wanita–yang bersungguh-sungguh kepada-Nya.

Yesus Kristus meminta pengorbanan yang sangat besar dari murid-murid-Nya. Mungkin Dia baru meminta sedikit pengorbanan dari Anda sejauh ini. Tetapi sekarang, Dia memperkenankan, mengundang, dan ingin supaya Anda memberikan pengorbanan yang besar bagi-Nya. Pengorbanan akan membuat kita menjadi pria dan wanita yang kuat. Pengorbanan akan sangat membantu kita untuk menjadi surgawi dan memisahkan kita dari dunia yang hanya mencari kesenangan diri sendiri. Jangan coba untuk mengurangi durasi doa pagi Anda dari setengah jam. Tidak mungkin ada pertanyaan tentang bagaimana Anda akan mendapatkan waktu setengah jam itu. Anda tentu saja bisa menyisihkan 10 menit dari jam tidur, 10 menit dari waktu sosialisasi dan hiburan, 10 menit dari waktu lainnya, dan sebagainya Betapa mudahnya melakukan doa pagi jika hati kita memang benar-benar haus dan lapar untuk mengetahui dan melakukan kehendak Tuhan dengan sempurna!

Jika Anda merasa tidak memerlukan waktu sebanyak itu dan tidak tahu bagaimana caranya menantikan Tuhan, kami sudah senang jika Anda berbicara mengenai saat teduh dan jam doa pribadimu. Selanjutnya, semoga Tuhan berkenan untuk memimpinmu melakukan doa pagi. Jangan melakukannya selama hatimu tidak tergerak oleh keinginan yang kuat untuk memberikan persembahan kepada Tuhan dan jika Anda tidak punya cukup waktu untuk bersekutu dengan-Nya. Tetapi, jika Anda memang sudah siap, kami mendesak Anda untuk segera melakukannya.

Menyediakan waktu khusus sedemikian rupa akan membantu Anda membangkitkan perasaan: "Ada pekerjaan penting yang harus kulakukan, dan aku perlu waktu untuk melakukannya." Itu akan menguatkan keyakinan di dalam hatimu: "Jika aku ingin bebas dari dosa sepanjang hari ini, aku harus menyisihkan waktu untuk dekat dengan Tuhan." Pendalaman Alkitabmu akan memiliki tujuan yang berbeda, jika di sela-sela waktu membaca, Anda menyisihkan waktu untuk diam dan sujud dalam kerendahan hati untuk pekerjaan Roh Kudus yang tersembunyi. Tunggu sampai Anda mendapatkan pengertian yang nyata akan kehendak Tuhan bagimu, lewat firman-Nya.

CATATAN MENGENAI DOA PAGI

Dengan kasih karunia Tuhan, mungkin praktik itu juga akan membantumu memulai satu kebiasaan yang saat ini sangat dibutuhkan gereja, yaitu doa syafaat untuk kebutuhan-kebutuhan yang spesifik. Murid-murid, Anda tidak pernah tahu, mungkin saja waktu yang Anda punya di masa depan akan lebih terbatas, situasi Anda mungkin akan lebih tidak mendukung, atau keyakinan Anda mungkin akan semakin lemah. Hari ini–sekarang–adalah waktu yang tepat, seperti yang dikatakan oleh Roh Kudus (2 Korintus 6:2). Dengarkanlah undangan dari saudara-saudaramu di seluruh dunia dan jangan takut untuk berkomitmen menghabiskan setidaknya setengah jam setiap pagi dengan Tuhan.

Pertanyaan Manusia; Jawaban Tuhan

Apakah saya harus memberi pertanggungjawaban kepada Tuhan?

Demikianlah setiap orang di antara kita akan memberi pertanggungan jawab tentang dirinya sendiri kepada Allah (Roma 14:12)

Apakah Tuhan melihat semua perbuatan saya?

Dan tidak ada satu makhluk pun yang tersembunyi di hadapan-Nya, sebab segala sesuatu telanjang dan terbuka di depan mata Dia, yang kepada-Nya kita harus memberikan pertanggungan jawab (Ibrani 4:13)

Apakah Tuhan melihat saya sebagai orang berdosa?

Kitab Suci telah mengurung segala sesuatu di bawah kekuasaan dosa (Galatia 3:22)

Semua orang telah berbuat dosa (Roma 3:23)

Akankah Tuhan menghukum dosa?

Orang yang berbuat dosa, itu yang harus mati (Yehezkiel 18:4)

Sebab upah dosa adalah maut (Roma 6:23)

Apakah saya harus binasa?

Tuhan...menghendaki supaya jangan ada yang binasa, melainkan supaya semua orang berbalik dan bertobat (2 Petrus 3:9)

Bagaimana saya bisa selamat?

Percayalah kepada Tuhan Yesus Kristus dan engkau akan selamat (Kisah Para Rasul 16:31)

Apakah Tuhan sanggup menyelamatkan saya?

Ia sanggup juga menyelamatkan dengan sempurna semua orang yang oleh Dia datang kepada Bapa (Ibrani 7:25)

PERTANYAAN MANUSIA; JAWABAN TUHAN

Apakah Tuhan bersedia menyelamatkan saya?

Kristus Yesus datang ke dunia untuk menyelamatkan orang berdosa (1 Timotius 1:15)

Akankah saya diselamatkan ketika saya percaya?

Barangsiapa percaya kepada Anak, ia beroleh hidup yang kekal (Yohanes 3:36)

Bisakah saya diselamatkan sekarang juga?

Sesungguhnya, waktu ini adalah waktu perkenanan itu; sesungguhnya, hari ini adalah hari penyelamatan itu (2 Korintus 6:2)

Bisakah saya diselamatkan sebagaimana adanya saya?

Barangsiapa datang kepada-Ku, ia tidak akan Kubuang (Yohanes 6:37).

Apakah saya akan jatuh ke dalam dosa lagi?

Dia yang berkuasa menjaga supaya jangan kamu tersandung (Yudas 24)

Jika diselamatkan, bagaimana saya harus hidup?

Supaya mereka yang hidup, tidak lagi hidup untuk dirinya sendiri, tetapi untuk Dia, yang telah mati dan telah dibangkitkan untuk mereka (2 Korintus 5:15)

Bagaimana dengan kematian dan kehidupan yang kekal?

Aku pergi untuk menyediakan tempat bagimu... supaya di tempat di mana Aku berada, kamu pun berada (1 Yohanes 14:2-3)

Andrew Murray – Sebuah Biografi Singkat

Andrew Murray berasal dari sebuah garis keturunan yang kaya secara spiritual. Kakeknya (Andrew) meninggalkan pekerjaannya sebagai gembala untuk bekerja di pabrik tepung Skotlandia. Andrew adalah seorang pria yang takut akan Tuhan. Doa-doa di masa akhir hidupnya merupakan inspirasi bagi anaknya, John, untuk terjun ke dunia pelayanan. John adalah seorang pelayan yang ditahbiskan di Skotlandia. Adik laki-laki John, Andrew, juga mendapatkan lisensi dari Gereja Skotlandia dan ditahbiskan oleh Gereja Presbitarian Aberdeen. Andrew lalu menjadi misionaris bersama-sama dengan Gereja Reformasi Belanda di Afrika Selatan.

Andrew bertemu dengan wanita yang kelak akan menjadi istrinya–Maria Susanna Stegmann–di Afrika Selatan. Susanna adalah seorang wanita keturunan Jerman. Kakek buyutnya merupakan bagian dari kelompok Huguenot yang diusir dari Perancis ketika Maklumat Nantes–yang telah memberikan kebebasan beragama bagi penganut aliran Protestan di Perancis–dicabut. Anak pertama dari pasangan Andrew dan Susanna diberi nama John, dan anak kedua mereka dinamai Andrew. Andrew adalah penulis buku Sekolah Ketaatan dan yang sedang dibicarakan dalam biografi singkat ini.

Andrew Murray lahir di Afrika Selatan pada tanggal 9 Mei 1828. Ayahnya sering membacakan cerita-cerita kebangunan rohani kepada keluarga mereka. Ketika Andrew berumur 10 tahun, ia dan abangnya, John dikirim ke Skotlandia untuk mengecap pendidikan. Mereka tinggal di rumah pamannya, John, yang melayani di Gereja Skotlandia. Pada tahun 1840, William Burns, seorang *revivalist* berkhotbah di Aberdeen, Skotlandia. Ketika di Skotlandia, Burns juga tinggal di rumah John, bersama-sama dengan Andrew dan abangnya, John. Doa Burns yang berapi-api untuk kebangkitan rohani dan keselamatan banyak orang sangat berpengaruh pada Andrew muda saat itu.

Ketika Andrew hampir menginjak umur 17 tahun, ia dan abangnya, John belajar di Marischal College, dan mendapat gelar *master of arts* dari sana pada tahun 1845. Setelah itu, mereka lanjut mempelajari Teologi dan menyegarkan Bahasa Belandanya di Universitas Utrecht, Belanda. Ketika itu, gerakan rasionalis sedang populer. Tn. Murray yang masih tinggal di Afrika Selatan kemudian menulis surat supaya anak-anaknya yang bersekolah di Belanda itu berhati-hati terhadap pemikiran ini. Dalam satu surat, yang bertanggalkan 23 April 1845, dia menulis, "Sebentar lagi kalian mungkin akan mendengar pemikiran-pemikiran yang tersebar di kalangan mahasiswa, dan bahkan di antara para profesor, mengenai bahasan-bahasan teologi yang mungkin akan mengagetkan kalian. Berhati-hatilah dalam menerimanya, tidak peduli siapa pun atau seberapa banyak pun orang yang mendukung pemikiran itu. Cobalah bertindak seperti orang Berean (Kisah Para Rasul 17:11). Ayah tidak ragu, jika kalian menyelidiki Alkitab dan hati kalian sendiri, pasti Roh Kudus akan memimpin kalian kepada semua kebenaran. Tidak peduli buku apa pun yang direkomendasikan kepada kalian, pastikan selalu mempelajari Kitab Suci. Kalian harus melakukannya setiap hari dengan kerendahan hati dan doa yang bersungguh-sungguh meminta bimbingan Roh Kudus."

Serupa dengan *Holy Club* yang diikuti George Whitefield dan Wesley bersaudara di Oxford, Murray bersaudara juga bergabung dalam sebuah kelompok serupa di Universitas Utrecht. Kelompok yang mereka ikuti bernama *Sechor Dabar* (Ingatlah Firman Tuhan) dan tujuannya adalah untuk mendorong pembelajaran materi-materi yang diperlukan untuk dunia pelayanan dalam semangat kebangunan rohani. Pada tanggal 9 Mei 1848, John dan Andrew ditahbiskan oleh Komite Gereja Reformasi Belanda di Den Haag, kemudian mereka kembali ke Afrika Selatan utuk memulai pelayanannya.

Ketika berumur 21 tahun, Andrew diberi tanggung jawab untuk melayani satu wilayah seluas 50.000 mil persegi di daerah pedalaman Afrika Selatan seorang diri. Andrew biasa menunggangi kudanya untuk berkhotbah kepada petani-petani yang berbahasa Belanda selama berminggu-minggu. Andrew menikah dengan Emma Rutherford, putri dari seorang pendeta Inggris, pada tahun 1856. Mereka punya delapan anak–empat anak laki-laki dan empat perempuan.

Pada tahun 1860, Andrew Murray menerima jabatan pendeta sebuah gereja di Worcester, Afrika Selatan. Di sana mereka mendengar cerita-cerita kebangunan rohani yang terjadi di Amerika dan Eropa. Murray dan rekan-rekannya berdoa sungguh-sungguh untuk kebangunan rohani, dan mengalami semacam kebangunan rohani, tetapi itu tidak seperti apa yang diharapkannya. Murray lalu menjadi sangat tertarik dengan proses pengudusan orang percaya dan apa yang sekarang sering disebut sebagai *the holiness movement*.

Tahun 1864 Andrew menjadi pendeta sebuah gereja di Cape Town, lalu menjadi pendeta di Wellington pada tahun 1877. Pada tahun yang sama Andrew berkunjung ke Amerika Serikat dan tinggal di sana selama lima minggu untuk belajar tentang Sekolah Minggu, kebangunan rohani Moody, dan Gereja Reformasi Belanda di Amerika. Murray juga menghadiri Dewan Presbyterian di Skotlandia dan berkhotbah di tempat-tempat lain di daratan itu, termasuk di Belanda dan Jerman.

Murray kemudian kembali ke Afrika Selatan dan menjadi sangat aktif dalam dunia pendidikan Kristen. Ia juga aktif melatih orang-orang yang akan terjun ke dunia pelayanan. Jadwal khotbah Murray beberapa tahun belakangan itu membawanya kepada sebuah waktu yang menarik dan berpengaruh di dalam kehidupannya. Menuju akhir tahun 1879, suaranya mulai serak, dan kesulitan ini terus berlangsung selama dua tahun, sehingga dia jarang sekali bisa berbicara di depan umum. Kadang-kadang dia akan menuliskan pesannya dan seseorang akan membacakan pesan itu kepada para pendengarnya. Andrew berusaha mendatangi banyak dokter, berkunjung ke tempat-tempat yang cuacanya lebih kering dan lain sebagainya, tetapi tenggorokannya tidak kunjung membaik. Karena penyakit itu, Andrew menghabiskan lebih banyak waktu untuk belajar dan menulis.

Setelah mengalami kesembuhan yang hanya bersifat sementara, Andrew Murray mulai lebih banyak mempelajari kesembuhan oleh iman. Tahun 1881, Murray berada di London. Dia berencana pergi ke Swiss untuk mengunjungi seorang kenalan lama yang waktu itu telah menjadi ketua sebuah institut kesembuhan iman. Murray akhirnya mengetahui bahwa orang itu, Otto Stockmayer, sedang berada di London. Lalu keduanya bertemu dan mendiskusikan ayat-ayat Alkitab yang berkaitan dengan kesembuhan dan iman. Stockmayer mendesak Murray untuk menghadiri sebuah pertemuan yang dipimpin oleh Dr. Boardman, seorang Amerika yang telah menulis seputar topik-topik kesembuhan oleh iman dan yang kemudian memiliki sebuah institut di London. Murray lalu mengunjungi institut itu dan tinggal di sana selama tiga minggu. Dia diajarkan bahwa kesembuhan lewat iman tidak hanya bertujuan untuk menyembuhkan tubuh, tetapi untuk membantu seseorang kepada kekudusan dan pengabdian kepada Tuhan.

Suara Murray semakin pulih dan setelah itu dia mulai sering menulis dan berbicara soal kesembuhan oleh iman. Adakalanya ia kembali mengalami masalah yang tidak begitu serius dengan suaranya. Murray sepertinya tidak terlalu menekankan kesembuhan oleh iman bagi semua orang, tetapi pengalaman dan penyelidikan yang dilakukannya tentu telah membuatnya memercayai kuasa kesembuhan oleh iman seumur hidupnya.

Andrew Murray lanjut menulis dan berbicara. Ia terpilih menjadi ketua sinode gerejanya sebanyak enam kali. Dia menulis lebih dari 200 buku dan pamflet, yang sebagian besar berbicara tentang kekudusan dan kehidupan spiritual yang lebih dalam. Beberapa buku yang ditulisnya termasuk *Absolute Surrender, Humility, Abide in Christ, The Deeper Christian Life, The School of Obedience, Waiting on God, The Ministry of Intercession, The New Life, With Christ in the School of Prayer, The Two Covenants and the Second Blessing*, dan sebagainya. Andrew Murray menghabiskan waktu-waktu terakhirnya di dunia ini dengan berdoa dan bersukacita karena kebaikan Tuhan. Dia meninggal pada tanggal 18 Januari tahun 1917, pada usia delapan puluh delapan tahun.

www.ingramcontent.com/pod-product-compliance
Lightning Source LLC
Chambersburg PA
CBHW070147080526
44586CB00015B/1879